Die Merseburger Zaubersprüche

Eine Einführung

Wolfgang Beck unter Mitarbeit von Markus Cottin

MICHAEL IMHOF VERLAG

luris sazun ubi sazun hera uuoder suua
hapt hepidun suma heriletzidun suua en
bodun umbicuomo uuidi insprinc hapt
bandun inuar uigandun. H.

Phol ende uuodan uuorun zi holza du uuart
demo balderes uolon sin uuoz birenkict
thu biguolen sinthgunt. sunna era suister
thu biguolen fria uolla era suister thu
biguolen uuodan uuer uuel conda
sose benrenki sose bluotrenki sose lidi
renki ben zi bena bluot zi bluoda
lid zi geliden sose gelimida sin.

Omps sempiterne ds quifacis mirabilia mag
na solus. ptende sup famulu tuu. N. & sup
cunctas congregationes illis commissas spm
gratie salutaris. & ut in ueritate tibi compla
ceant pptuum nis rorem tue benedictio
nis infunde. ↟

Kurzerläuterungen zu den Merseburger Zaubersprüchen

allgemein:
historiola – eine kleine Geschichte, die exemplarisch auf den Zweck des Zauberspruchs bezogen ist und die erfolgreiche Anwendung garantieren soll. Eine *historiola* kann sich auf verbürgte Ereignisse aus Religion und Mythologie beziehen, ist oft aber frei erfunden.
incantatio – die Formel, die die gewünschte Wirkung des Zauberspruchs auslösen soll.

Erster Merseburger Zauberspruch
idisi – Das althochdeutsche Wort *idis* bezeichnet eine verehrungswürdige Frau. Die *idisi* des Ersten Merseburger Zauberspruchs wurden mit den nordgermanischen *dísir* (eine Gruppe von Göttinnen mit unterschiedlichen Funktionen), den Walküren oder den römisch-keltisch-germanischen Matronen (Muttergottheiten) in Verbindung gebracht.
heri lezidun – das Hemmen der Heere bezieht sich auf ein Phänomen, das als Heerfessel bekannt ist. Wahrscheinlich handelt es sich um das Phänomen der Schrecklähmung oder Kataplexie.
H – ein Zeichen, das als lateinisches *H* ebenso gedeutet wurde wie als Rune. Unklar ist, ob es sich um die Abkürzung eines Dichter- oder Schreibernamens bzw. einen Namensplatzhalter für den zu befreienden Gefangenen handelt. Möglicherweise handelt es sich um eine Abkürzung für lat. *enim* (auf jeden Fall, fürwahr, in der Tat), das als bekräftigende Konjunktion am Ende eines Zauberspruchs denkbar ist.

Zweiter Merseburger Zauberspruch
h – das über das *o* nachträglich mit kleinerer Schrift gesetzte *h* ist ein Indiz für eine schriftliche Vorlage der Merseburger Zaubersprüche.
Phol – der Name eines sonst nicht bekannten Gottes. Sämtliche Erklärungen (Phol als männliches Pendant zu Volla, als anderer Name für Balder, als Fohlen, als Apostel Paulus) sind hypothetisch.
Wodan – entspricht dem nordgermanischen Gott Óðinn (Odin). Während Odin als Hauptgott in der nordgermanischen Mythologie mit vielen Funktionen greifbar ist (Gott der Magie, Kriegsgott, Totengott, Dichtergott, Göttervater), tritt der Wodan des Zweiten Merseburger Zauberspruchs als heilkundiger Gott (wie auch der altenglische Woden) auf.
Sinhtgunt – in normalisierter Schreibung Sinthgunt, ist der Name einer sonst nicht bekannten Göttin. Die Bedeutung des Namens (Wegkämpferin?, die nächtlich Kämpfende?) ist unklar; da Sinhtgunt als Schwester der Sunna bezeichnet wird, wurde sie als Mondgöttin verstanden. Da auch diese Erklärung problematisch ist, wurden die nordgermanischen Göttinnen Sigyn, Nanna und Gná als mögliche Äquivalente benannt.
Sunna – der Name einer sonst nicht bekannten Göttin. Die Bedeutung des Namens „Sonne" lässt eine Deutung als Sonnengöttin oder als Personifikation der Sonne zu.
Friia – entspricht der nordgermanischen Göttin Frigg. Friia ist die Gattin Wodans, ihr Name ist im Wochentagsnamen Freitag erhalten.
Volla – entspricht der nordgermanischen Göttin Fulla. Volla wird meist als Göttin der Fülle oder als Hypostase anderer nordgermanischer Göttinnen (Frigg oder Freyja) gedeutet.
biguolen – das althochdeutsche *bigalan* bedeutet: besprechen, besingen. Hieraus lässt sich ein Rückschluss auf die Vortragsweise der Merseburger Zaubersprüche als Rezitativ (Sprechgesang) ziehen.

Dank

Jochen Ehmke, Halle (Saale)
Dietmar Eißner, Merseburg
Ilona Fleischmann, Leipzig
Thomas Hampel, Leipzig
Karl-Heinz Günther, Landsberg
Jürgen Jankofsky, Leuna
Kathrin Kirchner, Merseburg
Wolfgang Kubak, Merseburg
Bettina Lebek, Merseburg
Juraj Lipták, Stuttgart
Michael Lörzer, Jena
Peter Ramm, Merseburg
Marion Ranneberg, Merseburg
Elke Richter, Merseburg
Joachim Riebel, Leipzig
Franziska Schmitt, Merseburg
Beate Tippelt, Merseburg
Klaus-Dieter und Gabriele Urban, Merseburg
Jörg Wachtel, Halle (Saale)
Karsta Wendorf, Merseburg
Peter Wölk, Merseburg

Institutionen

Bear Family Records GmbH, Hambergen
Biblioteca Apostolica Vaticana, Rom
Bibliothèque nationale de France, Paris
Brüder Grimm-Museum, Kassel
btb-Verlag, München
Carl-Hanser-Verlag, München
Carl-von-Basedow-Klinikum Saalekreis, Merseburg
Dänisches Nationalmuseum, Kopenhagen
JKP, Düsseldorf
Klett-Cotta, Stuttgart
Kulturhistorisches Museum Schloss Merseburg
Landesamt für Denkmalpflege und Archäologie Sachsen-Anhalt, Halle (Saale)
Pica Music, Berlin
Staatsbibliothek Bamberg
Stadtbibliothek „Walter Bauer" Merseburg
Stadtbibliothek Trier
Suhrkamp Verlag, Berlin
The National Heritage Board, Stockholm
Thüringer Universitäts- und Landesbibliothek Jena

Inhalt

Kurzerläuterungen zu den Merseburger Zaubersprüchen 3

Einleitung 6

DIE MERSEBURGER ZAUBERSPRÜCHE

Die Entdeckung der Merseburger Zaubersprüche 10

Die Erforschung der Merseburger Zaubersprüche 12

Der Erste Merseburger Zauberspruch 13

Der Zweite Merseburger Zauberspruch 16

Die Merseburger Zaubersprüche und die germanische Götterwelt 19

Zur Überlieferung der Merseburger Zaubersprüche – Codex I, 136
der Merseburger Domstiftsbibliothek 21

Althochdeutsche Zauber- und Segenssprüche 28

Die Rezeption der Merseburger Zaubersprüche in der Literatur 33

Die Merseburger Zaubersprüche in bildlichen Darstellungen 37

Die Merseburger Zaubersprüche in der Musik 41

Die Merseburger Zaubersprüche und das öffentliche Interesse 43

ANHANG

Einige ausgewählte Übersetzungen der Merseburger Zaubersprüche 54
Anmerkungen 58
Literaturverzeichnis 61
Autoren 64
Abbildungsnachweis 64

Einleitung

Es gibt wohl kaum ein Textzeugnis der althochdeutschen Literatur, das so viel wissenschaftliche und öffentliche Aufmerksamkeit erfahren hat wie die Merseburger Zaubersprüche. Der Text fasziniert nicht nur aufgrund seines aus heidnischer Zeit stammenden Inhalts und seiner Aufzeichnung in einem christlichen Umfeld, sondern ebenso aufgrund der Geschichte seiner Entdeckung im 19. Jahrhundert. Trotz der fast unüberschaubaren Forschungsliteratur zu den Merseburger Zaubersprüchen gibt es bislang keine allgemeinverständliche Einführung für ein breites Publikum, das nicht nur aus Fachwissenschaftlern besteht. Die vorliegende Publikation soll diese Lücke schließen.[1]

Die aufgrund der großen Nachfrage notwendig gewordene zweite Auflage wurde behutsam aktualisiert und vor allem im Kapitel „Die Merseburger Zaubersprüche und das öffentliche Interesse" erweitert.

Dabei kann jedoch keinesfalls unwissenschaftlich vorgegangen werden. Vielmehr sind die Einzelaussagen durch Anmerkungen belegt und nachprüfbar. Um eine bessere Lesbarkeit des Textes zu gewährleisten, sind die Anmerkungen jedoch an das Ende des Textes gesetzt. Ein umfangreiches Literaturverzeichnis ermöglicht es, sich weitere Monographien und Aufsätze zu den Merseburger Zaubersprüchen zu erschließen. Hier wird auch sämtliche in den Anmerkungen genannte Literatur, die nur verkürzt zitiert wird, vollständig aufgeführt.

Für die Erläuterung der Merseburger Zaubersprüche in ihren komplexen germanistischen, mythologischen und historischen Zusammenhängen kann und soll nicht auf Fachwörter verzichtet werden. Um diese Fachbegriffe jedoch leicht zu handhaben, sind sie zu Beginn anhand einer Schautafel erklärt. Dabei werden die Fachbegriffe sowie einzelne Wörter unmittelbar neben den betreffenden Textstellen der Merseburger Zaubersprüche platziert. Es empfiehlt sich stets, auf diese Grafik zurückzugreifen. Im Text werden Fachbegriffe, Fremdwörter und fremdsprachige Textpassagen in aller Regel übersetzt wiedergegeben oder in einer Klammer erklärt. Bei den Namen der germanischen Götter wird – ebenfalls in Klammern – die altnordische Lautung angegeben. Damit wird auch die Unterscheidung zwischen den kontinentalgermanischen und skandinavischen Göttern bzw. Götternamen verdeutlicht.

Insbesondere bei der Erläuterung der Merseburger Zaubersprüche werden keine leichtfertigen Erklärungen geboten und keine abschließenden Deutungen vorgelegt, um deutlich zu zeigen, dass die Forschung an manchen Stellen noch weitergehen kann.

So soll auch verdeutlicht werden, dass die Merseburger Zaubersprüche noch rund 170 Jahre nach ihrer Entdeckung in der Mersebur-

rechts:
Merseburger Zaubersprüche (Merseburg, Domstiftsbibliothek, Cod. I, 136, fol. 84r)

...iris sazun hist sazun hera duoder suna
hapt hepidun sumaherilezidun suntuuuo
bodun umbicuomio uuidi insprinc haptbandun inuar uigandun.

Phol ende uuodan uuorun zi holza du uuart
demo balderes uolon sin uuoz birenkict
thu biguol en sinhtgunt. sunna era suister
thu biguol en friia uolla era suister thu
biguol en uuodan ... ... ircondа
so se bеnrenki ... so se lidi
renki ben zi bena bluot zi bluoda
lid zi geliden sose gelimida sin.

Omps sēp aeternus ds qui facis mirabilia magna solus. ptende sup famulū tuū. N. & sup
cunctas congregationes illis cōmissas spm
gratiæ salutaris. & ut inueritate tibi compla-
ceant ppetuum nis rorem tuæ benedictio-
nis infunde.

ger Domstiftsbibliothek zur wissenschaftlichen Diskussion herausfordern und keineswegs abschließend gedeutet oder erklärt sind. Das vorliegende Buch möge dazu beitragen, dass die Merseburger Zaubersprüche in der breiten Bevölkerung ebenso als Kulturgut wahrgenommen werden wie der Merseburger Dom, der sie beherbergt.

Dass sich die Stadt Merseburg werbewirksam mit dem Spruch „Merseburg bezaubert" präsentiert, zeigt deutlich, dass die Merseburger Zaubersprüche wieder stärker ins öffentliche Bewusstsein gerückt sind. Vielleicht gehören die Merseburger Zaubersprüche in naher Zukunft wieder zum allgemeinen Bildungsgut und nicht nur Merseburger Kinder können die Sprüche sofort aufsagen. Der Merseburger Schriftsteller Walter Bauer dichtete dazu einst:

„Ein alter Spruch, ein Zauberspruch,
Nach meiner kleinen Heimatstadt benannt,
Ist mir von Kindheit scharf im Sinn
geblieben."

Das vorliegende Buch soll dazu einen Anstoß leisten.

rechts:
Holzschnitt von Klaus-Dieter Urban zum Ersten Merseburger Zauberspruch mit Faksimile der Zaubersprüche, 2011

Eiris sazun idisi sazun hera duoder suma
hapt heptidun sumaherde suun sunacu
bodun umbi cuonio uuidi insprinc haptp
bandun inuar uigandun H·

Phol ende uuodan uuorun zi holza duuuart
demo balderes uolon sin uuoz birenkict
thu biguolen sinhtgunt sunna era suister
thu biguolen friia uolla era suister ou
biguolen uuodan so he uuola conda
so ebenrenkt sose bluotrenkt
renkt ben zi bena bluot zi bluoda
lid zi geliden sose gelimida sin.

Buchstabengetreue Wiedergabe

Die Entdeckung der Merseburger Zaubersprüche

Der Historiker Georg Waitz (1813–1886) befand sich im Herbst des Jahres 1841 als Mitarbeiter der Monumenta Germaniae Historica (MGH) auf einer Handschriftenreise durch Sachsen und Thüringen. Die Monumenta Germaniae Historica waren und sind das wichtigste Quellenwerk zur Geschichte des Deutschen Reiches im Mittelalter. Hier werden die Urkunden der Kaiser und Könige, zahlreiche Chroniken und Annalen sowie weitere mittelalterliche Schriftquellen historisch-kritisch herausgegeben. Für die Vorbereitung dieser anspruchsvollen Aufgabe wurden zahlreiche Archive und Bibliotheken bereist, um deren Bestände kurz verzeichnen zu können. Georg Waitz, 1813 geboren, war nach dem Abschluss seines Studiums der Rechtswissenschaften zu den MGH nach Hannover berufen worden. Im Alter von 28 Jahren berief man ihn nach Kiel auf die ordentliche Professur für Geschichte, 1847 wechselte er nach Göttingen. Während der 48er Revolution war er Mitglied des Paulskirchenparlaments. Seit 1875 hatte Georg Waitz in Berlin selbst die Leitung der MGH inne, die er bis zu seinem Tode 1886 energisch vorantreiben konnte.

Auf seiner Handschriftenreise im Jahre 1841 war er auf der Suche nach einer Handschrift des mittelalterlichen Geschichtsschreibers Lampert von Hersfeld (ca. 1028–1085). Dabei entdeckte er beim Besuch der Domstiftsbibliothek Merseburg am 18. und 19. November in einem unscheinbaren Codex mit Coperteinband zwei althochdeutsche Texte: die Merseburger Zaubersprüche.[2] Von seinem Fund machte er sofort persönlich Mitteilung an Jacob Grimm. Jacob Grimm – der heute als Gründervater der Germanistik gilt – war wie kein anderer dazu geeignet und befähigt, diesen Fund der wissenschaftlichen Öffentlichkeit zu präsentieren. Als Autor einer vierbändigen Deutschen Grammatik (1819–1837) und einer Deutschen Mythologie (1835) verfügte er über die notwendigen Kenntnisse, den Fund angemessen zu präsentieren und zu kommentieren. Besonderen Ruhm erlangte Jacob

links: Jacob Grimm (1785–1863)

rechts: Georg Waitz (1813–1886)

Grimm freilich durch die mit seinem Bruder Wilhelm gesammelten und 1812 erstmalig herausgegebenen Kinder- und Hausmärchen, die bis zum heutigen Tage zum festen Kanon der deutschen Literatur und der Weltliteratur gehören. Ein weiteres Großprojekt von Jacob und Wilhelm Grimm war das seit 1838 bearbeitete Deutsche Wörterbuch, dessen erster Band 1854 erschien. Die Brüder Grimm verstarben über der Arbeit an diesem größten Wörterbuch der deutschen Sprache. Erst 1971 erschien der letzte Band, zugleich wurde eine Neubearbeitung in Angriff genommen.

In seiner Gedächtnisrede für Jacob Grimm formulierte Georg Waitz 1863 kurz seine Eindrücke von der Entdeckung der Merseburger Zaubersprüche:

> „Ich erinnere mich mit besonderem Vergnügen – und ich darf dies Persönliche wohl einfügen – des Eindrucks, den die von mir in Merseburg aufgefundenen beiden Gedichte des deutschen Heidenthums auf Grimm machten, als ich sie ihm im Herbst 1839[3] persönlich überbrachte: er las sie wieder und wieder, erkannte natürlich gleich und viel besser als ich die Wichtigkeit des Fundes, und sprach seine Freude in der liebenswürdigsten Weise aus. Seine Gelehrsamkeit und sein Scharfsinn boten auch die Mittel zur Erklärung und Verwerthung des Inhalts dieser gerade für die Mythologie so merkwürdigen Denkmäler, wenn auch spätere Forschung einiges ergänzt oder anders bestimmt hat."[4]

Nach der Entdeckung der Handschrift mit den Merseburger Zaubersprüchen bat Jacob Grimm bereits am 22. November 1841 mit einem offiziellen Brief an das Merseburger Domkapitel und mit einem privaten Brief an den damaligen Domdechanten Friedrich von Krosigk um die Übersendung des Codex nach Berlin. Dieser trug damals noch die Nummer 58. Schon am 24. November wurde die Handschrift mit der Bitte um Rückgabe bis zum

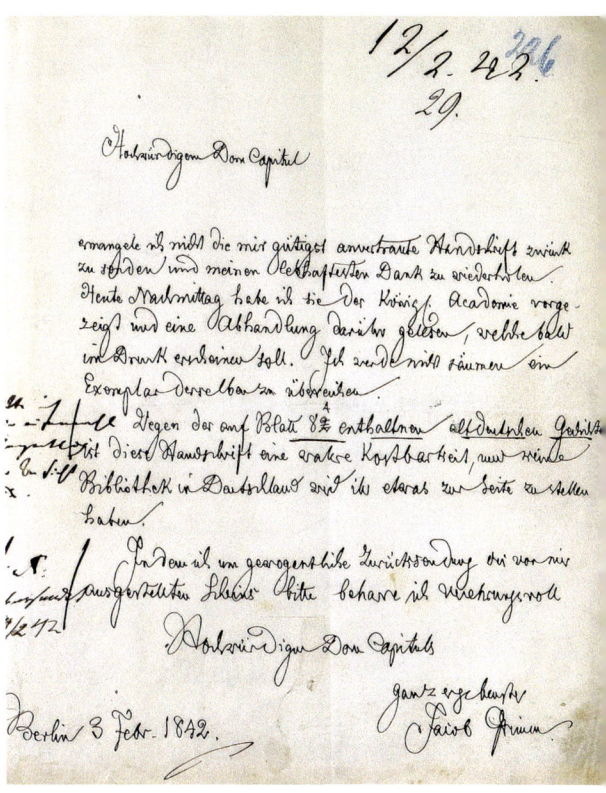

Brief Jacob Grimms an das Merseburger Domkapitel anlässlich der Rückgabe der Handschrift, 3. Februar 1842 (Merseburg, Domstiftsarchiv, Briefkladde Grimm)

31. Dezember 1841 an Jacob Grimm übersandt. Aufgrund einer Krankheit Wilhelm Grimms musste Jacob Grimm um Fristverlängerung bitten, die ihm auch gewährt wurde. Am 3. Februar 1842 präsentierte Jacob Grimm die „gedichte aus der zeit des deutschen heidenthums" im Rahmen seiner Antrittsvorlesung bei seinem neuen Arbeitgeber, der Königlich-Preußischen Akademie der Wissenschaften zu Berlin.[5] Hierbei würdigte er die Merseburger Handschrift als „kleinod [...], welchem die berühmtesten bibliotheken nichts an die seite zu setzen haben."[6] Im selben Jahr äußerte sich Jacob Grimm noch zweimal zu den „Merseburger Gedichten". Zunächst stellte er diese in der neu gegründeten „Zeitschrift für deutsches Alterthum" vor[7] und

wandte sich schließlich in zwei Aufsätzen nochmals dem rätselhaften Phol zu.[8] Selbstverständlich fand der Inhalt der Merseburger Zaubersprüche auch Aufnahme in die 2. Auflage der von Jacob Grimm bearbeiteten Deutschen Mythologie von 1844.[9] Jacob Grimms erste Beschäftigung mit den Merseburger Zaubersprüchen ist für die spätere Germanistik bis heute ein Referenzwerk geblieben; vieles, was heute als wissenschaftlich gesichert gelten darf, hatte er schon richtig gesehen. Ebenso haben sich aber auch seine Fehldeutungen aus Respekt vor seiner wissenschaftlichen Autorität lange in der Diskussion halten können.

Die Erforschung der Merseburger Zaubersprüche

Trotz zweier umfangreicher Publikationen zu den Merseburger Zaubersprüchen[10] muss konstatiert werden, dass diese Texte heute kaum mehr so im Zentrum der Forschung stehen, wie das noch vor hundert Jahren der Fall gewesen ist.

Die Forschungsgeschichte lässt sich kurz chronologisch und inhaltlich folgendermaßen skizzieren: Bis 1880 standen Einzelprobleme des Textverständnisses, Versuche der Verbesserung von Fehlern sowie die Klärung der mythologischen Fragen im Vordergrund. Seitdem rückten die Zaubersprüche mehr und mehr in den Blickpunkt einer zu konstituierenden deutschen Nationalliteratur und germanisch/deutschen Altertumskunde. Mythologie und die Klärung grammatischer Einzelfragen blieben weiterhin im Zentrum der Forschung, wobei sich hervorragende Gelehrte an der Diskussion beteiligten. Seit 1890 nahm die Forschung rein quantitativ gesehen spürbar zu. Dabei wurden die Merseburger Zaubersprüche immer stärker in die vergleichende Mythenforschung einbezogen. Dies führte dazu, dass ihnen ihr altertumskundlicher Wert von einer vorwiegend skandinavischen Folkloristenschule abgesprochen wurde. Der Höhepunkt dieser Forschungsrichtung lag zwischen 1900 und 1930, der Erste Weltkrieg führte dabei nicht zu einem Erlahmen der Forschungsbemühungen. In der Zeit der Weimarer Republik und bis zum Ausbruch des Zweiten Weltkrieges standen weiterhin die Klärung von Einzelproblemen sowie mythologischer Fragen im Mittelpunkt des Interesses. Der Zweite Weltkrieg führte zu einem quantitativen Einbruch und einer qualitativen Zäsur: Neben weiterhin aktuellen Klärungen von Einzelfragen ging das bislang ungebrochene Interesse an mythologischen Fragen, von wenigen Ausnahmen abgesehen, spürbar zurück. Seit etwa 1960 wurden die Merseburger Zaubersprüche in größere Argumentationszusammenhänge eingeordnet: indogermanische Parallelen, Dichtersprache, volkskundliche Ansätze. Bezüge zu archäologischen Artefakten der Völkerwanderungszeit, zu den skandinavischen Goldbrakteaten (ein Brakteat ist ein kreisrunder, einseitig geprägter Hängeschmuck der Völkerwanderungszeit), werden seit 1970 diskutiert.

Quantitativ gesehen erreichte die Forschung ab 1960 nicht mehr die Intensität der ersten Hälfte des 20. Jahrhunderts. Seit 1980 bis heute werden weiterhin vorrangig umstrittene Einzelprobleme diskutiert, Fragen nach der Pragmatik kamen neu hinzu. Im Jahre 2003 erschien die Dissertation von Wolfgang Beck zu den Merseburger Zaubersprüchen, die als Forschungsbericht zu den „verschiedensten Problemen der Merseburger Zaubersprüche"[11] die umfangreiche Forschung zusammenfasste und eine neue Initialzündung für die Beschäftigung mit den Sprüchen bieten sollte. Die nur kurze Zeit später publizierten Beiträge von Heiner Eichner und Robert Nedoma beschäftigten sich mit den Merseburger Zaubersprüchen vor allem aus einer sprachwissenschaftlichen Perspektive.[12]

Die Merseburger Zaubersprüche in ideologischer Verzerrung in den 20er und 30er Jahren des 20. Jahrhunderts

Die Merseburger Zaubersprüche sind wie einige andere althochdeutsche Textzeugen (z. B. das Hildebrandslied) ebenfalls ideologisch vereinnahmt worden, wobei der überlieferte Inhalt (kriegerischer Kontext und germanische Götter) reichlich Anknüpfungspunkte bot. Die Kriegsthematik des Ersten Merseburger Zauberspruchs konnte hier insbesondere genutzt werden. 1928 sah Walter Heinrich Vogt in den Zaubersprüchen den „geist des germanischen heldentums, das seinen willen durchsetzt, auch im untergang".[13] Selbst Siegfried Berger, sonst stets ein bedachter Politiker und Autor aus Merseburg, ließ sich 1939 in der Einleitung einer Faksimile-Ausgabe zu folgenden Worten hinreißen: „Uns heutigen, die wir die Schöpfung des Großdeutschen Reiches miterleben, sind diese uralten Reime besonders gefühlsnahe: Blut zu Blute, Glied zu Gliedern, frei von Fesseln."[14] Für Georg M. Rody war 1940 der Aufzeichner der Merseburger Zaubersprüche ein von der „Größe seines Volkstums überzeugter Christ".[15] Arno Mulot sah 1934 den Zweiten Merseburger Zauberspruch gar als „heroischen Aufruf der Germanen" und schrieb dementsprechend um: „Blut zu Blut, Gleiches zu Gleichem, Heldentum zu Heldentum!"[16] Man erkennt in diesen Interpretationen zweifelsohne die Propagandasprache des Dritten Reiches, die Victor Klemperer in seinem epochalen Werk „LTI – Notizbuch eines Philologen" (1947), aber auch seinen Tagebüchern entlarvt hat. Trotz der angeführten Stimmen war die Beschäftigung mit den Merseburger Zaubersprüchen allerdings auch in der Zeit des Dritten Reichs wesentlich durch das Fortführen der philologischen Tradition gekennzeichnet.

Der Erste Merseburger Zauberspruch

Eiris sazun idisi, sazun heraduoder.
Suma hapt heptidun, suma heri lezidun,
suma clubodun umbi cuonio uuidi.
Insprinc haptbandun, inuar uigandun! H

Der Erste Merseburger Zauberspruch berichtet in seiner historiola – der Erzählung eines meist in der Vergangenheit angesiedelten Präzedenzfalles – vom Wirken geheimnisvoller Frauengestalten (*idisi*) auf einem Schlachtfeld zwischen zwei Heeren. Eine Gruppe dieser Frauen ist damit beschäftigt, einen Gefangenen zu fesseln (*hapt heptidun*), eine zweite Gruppe das Heer oder die Heere zu lähmen

Erster Merseburger Zauberspruch (Merseburg, Domstiftsbibliothek, Cod. I, 136, fol. 84r)

(*heri lezidun*), die dritte Gruppe schließlich scharfe Fesseln zu zertrennen (*clubodun umbi cuonio uuidi*). Im Anschluss an diesen Bericht folgt die incantatio (der Zauberbefehl) „Entspringe den Fesseln, Entfahre den Feinden!" (*insprinc haptbandun, inuar uigandun*). Aufgrund des Wortlauts des Zauberbefehls kann man als Zauberzweck die Befreiung eines Gefangenen vermuten. Der Befund, dass die Kriegsthematik des Ersten Merseburger Zauberspruchs „singulär"[17] gegenüber den sonst überlieferten althochdeutschen Zauber- und Segenssprüchen mit medizinisch-kurierender Funktion sei, hat Anlass zu verschiedenen Spekulationen gegeben, die nun auch hier einen Spruch zur Heilung, etwa von Unterleibsbeschwerden,[18] von Impotenz oder Unfruchtbarkeit,[19] sehen wollten. Wenn man die *uigandun* symbolisch als „böse Dämonen"[20] und die *haptbandun* symbolisch als „Fesseln der Krankheit"[21] auffasste, konnte man zu der Ansicht gelangen, der Erste Merseburger Zauberspruch sei ein medizinischer Spruch gegen Epilepsie.[22] Hierbei kann auf die Existenz anderer althochdeutscher Zaubersprüche gegen Epilepsie, wie „Pro cadente morbo"[23] und „Contra caducum morbum",[24] verwiesen werden. Ebenso wurde postuliert, der Spruch solle jene symbolischen Fesseln lösen, die das Kind im Mutterleib festhalten, worauf man zu einer Deutung als Zauberspruch zur Geburtshilfe gelangte.[25] Da sich aber der intendierte Zauberzweck des Spruchs analogisch aus der erzählenden historiola ableiten lässt, ist eine Deutung als Heilzauber oder Geburtshilfezauber abzulehnen. Prinzipiell bleibt die Möglichkeit der Übertragung und damit eine Anwendung für verschiedene Zwecke aber gegeben. Der kriegerische Kontext ist aber primär und im Übrigen letztlich auch für andere althochdeutsche Sprüche zur Heilung von Blutfluss oder Verletzungen anzunehmen („Straßburger Blutsegen", „Bamberger Blutsegen"), im Falle des Ersten Merseburger Zauberspruchs ist er eindeutig durch die historiola vorgegeben: Die Fügung *heri lezidun* bezieht sich offenbar auf ein Phänomen, welches in skandinavischen Quellen als *herfjöturr* „Heerfessel" bekannt ist und das Lähmen eines (feindlichen) Heeres meint. Die moderne Medizin bezeichnet diese Erscheinung als Kataplexie, Schrecklähmung oder psychogenetische Lähmung; das frühmittelalterliche Weltverständnis konnte sich derartige Erscheinungen am ehesten durch Zaubersprüche oder magische Praktiken generiert vorstellen.

Für rationell denkende Menschen der Neuzeit ist die Vorstellung von der bloßen Macht des Wortes – sei es eines Zauberspruchs oder eines Gebets –, Fesseln zu sprengen und damit Gefangene zu befreien, schwer vermittelbar. Mittelalterliche Quellen bezeugen allerdings solche Vorgänge, auch Bischof Thietmar von Merseburg (Amtszeit: 1009–1018) berichtet unter Rückgriff auf Gregor von Tours (538–594) eine derartige Begebenheit:

> „Wir lesen, daß sich Fesseln eines Gefangenen, den seine Frau tot glaubte, und für den sie durch ständige Seelenmessen sorgte, so oft lösten, wie sie für ihn Gott Vater genehme Opfer darbrachte; das bestätigte er ihr später nach seiner Heimkehr in Freiheit selbst."[26]

Das Zeugnis Thietmars lässt sich hinsichtlich der konkreten Anwendungssituation als Beleg für die Fernwirkung von Gebeten und damit auch von Zaubersprüchen deuten. Der englische Historiograph Beda Venerabilis (673–735) berichtet eine ganz ähnliche Begebenheit, die allerdings die Anwendungssituation anders darstellt:

Durch die Messfeiern für den von König Aethelred (von Mercia) gefangenen Imma, dessen Bruder ihn für tot hielt und deshalb für ihn Messen lesen ließ, geschah,

> „daß ihn keiner fesseln konnte, ohne daß er sogleich befreit wurde. Mittlerweile begann sich der Gefolgsmann, der ihn beherbergte, zu wundern und zu fragen, warum er nicht gefesselt werden konnte, ob er zufällig Zaubersprüche, von denen Geschichten berichten, bei sich hätte, aufgrund derer er nicht gefesselt werden könne."[27]

Aus diesem Bericht lässt sich der Glaube an die Existenz und Wirkung von Schriftzauber, die wie Amulette wirken, ablesen. Aelfric (Ælfric) (955–1010) übernimmt diese Begebenheit in seinen „Hortatorius sermo de efficia sanctae missae" (eine Predigt über die Wirksamkeit der heiligen Messe) und akzentuiert die Anwendungssituation wieder etwas anders: „Da fragte der Fürst, ob er durch Zaubermacht oder durch Runen seine Fesseln zerbreche."[28]

Diese Stelle lässt sich als Beleg für den Glauben an eine Selbstanwendung eines Fessellösezaubers deuten. Der Glaube an die Macht des Wortes zur Lösung von Fesseln geht folglich aus den Quellen zur Genüge hervor, Aelfric bezeugt darüber hinaus die Existenz von Fessellösezaubern, die im Übrigen auch durch skandinavische Zeugnisse aus der Lieder-Edda (Hávamál 149; Grógaldr 10) nahegelegt wird und die dort die Bezeichnung *leysigaldr* „Lösezauber" tragen. In diesem Zusammenhang ist der Erste Merseburger Zauberspruch zu beurteilen. Sein Zeugniswert für die germanische Religionsgeschichte ist allerdings nicht sonderlich hoch zu veranschlagen. Die romantisch geprägte Mythologie sah in den auf dem Schlachtfeld wirkenden *idisi* walkürenähnliche Wesen. Die *idisi* wurden ebenfalls mit den römisch-keltisch-germanischen Matronen (Muttergottheiten) in Verbindung gebracht, weil diese vor allem im militärischen Bereich (als Schutzgottheiten) verehrt wurden. Für das althochdeutsche Wort *idis* ist allerdings nur ei-

Matronenaltar, Bonn, Münstergrabung, 164 n. Chr. (Bonn, Rheinisches Landesmuseum, D 227)

ne Bedeutung als „hohe, verehrungswürdige Frau" zu gewinnen;[29] im Ersten Merseburger Zauberspruch könnte es als Appellativum (Gattungsname) durchaus zur Benennung überirdischer Wesen Verwendung gefunden haben, die Gleichsetzung mit den skandinavischen Walküren muss fragwürdig bleiben. Die nordischen *valkyrjur* repräsentieren in ihrer ursprünglichen Vorstellungsform Totendämoninnen, die auswählen, welche Krieger auf dem Schlachtfeld fallen sollen. Sie haben keine helfende Funktion wie die *idisi* des Ersten Merseburger Zauberspruchs. Streng genommen resultiert die Vereinnahmung des Ersten Merseburger Zauberspruchs für die germanische Mythologie und Religionsgeschichte nur aus der gemeinsamen Überlieferung mit dem darauf folgenden Zweiten Merseburger Zauberspruch.

Der Zweite Merseburger Zauberspruch

Phol ende Uuodan uuorun zi holza.
Du uuart demo Balderes uolon sin uuoz birenkict.
Thu biguol en Sinhtgunt, Sunna era suister,
thu biguol en Friia, Uolla era suister,
thu biguol en Uuodan, so he uuola conda:
Sose benrenki, sose bluotrenki,
sose lidirenki:
Ben zi bena, bluot zi bluoda,
lid zi geliden, sose gelimida sin!

Im Gegensatz zur kurzen historiola des Ersten Merseburger Zauberspruchs ist die des Zweiten Merseburger Zauberspruchs wesentlich komplexer und umfangreicher angelegt. Sie berichtet, dass sich zwei Götter, der aus der kontinentalgermanischen Mythologie wohlbekannte Wodan und ein sonst völlig unbekannter Gott namens Phol, in den Wald begeben haben. Der Wortlaut des Spruchs

Zweiter Merseburger Zauberspruch (Merseburg, Domstiftsbibliothek, Cod. I, 136, fol. 84r)

bietet keinen Anlass zur Behauptung, die beiden seien zu Pferd unterwegs.[30] Dort (im Wald) wurde dann dem Fohlen des Gottes Balder sein Fuß – also ein Huf – eingerenkt.[31] Wie es zur Verletzung des Tieres kam, wird nicht berichtet. Zunächst versuchen sich vier weibliche Göttinnen, Sinhtgunt, Sunna, Friia und Volla an der Heilung des Fohlens. Schließlich gelingt Wodan, der es wohl verstand (*so he uuola conda*), die Heilung durch Anwendung der Zauberformel.

Der hohe Wert des Zweiten Merseburger Zauberspruchs für die Religionsgeschichte manifestiert sich vor allem durch die Nennung von insgesamt sieben Götternamen, von denen nur zwei, nämlich Wodan und Friia, neben der reichen skandinavischen Bezeugung (Óðinn und Frigg) auch in anderen kontinentalgermanischen Quellen belegt sind. Die Göttin Volla sowie der Gott Balder[32] sind sonst nur aus der skandinavischen mythologischen Überlieferung (Fulla und Baldr) der Lieder-Edda und des Snorri Sturluson bekannt. Die Göttin Sunna kann mit der nordgermanischen Göttin Sol (Sól) verglichen werden. Die Göttin Sinhtgunt und der Gott Phol schließlich begegnen nur im Zweiten Merseburger Zauberspruch, von ihrer Existenz wüssten wir ohne dieses Zeugnis nicht. Da der Zweite Merseburger Zauberspruch nun diese Göttergesellschaft nicht im Rahmen einer simplen Aufzählung, sondern in einer kleinen Erzählung präsentiert, lag die Vermutung nahe, diese historiola beziehe sich auf einen germanischen Mythos. Im Zuge einer noch der Romantik verpflichteten naturmythologischen Deutung wurde in dieser historiola ein Jahreszeitenmythos, ein Tageszeitenmythos oder ein Sonnenmythos gesehen.[33] Später sah die Forschung darin einen Baldermythos. Da diese Deutung bis heute sehr populär ist, soll sie hier kurz kommentiert werden. Dabei wird jedoch deutlich zwi-

Reiterstein von Hornhausen (Pferde hatten für die adlige Gesellschaft des Frühmittelalters eine praktische und repräsentative Bedeutung), 1. Hälfte 7. Jahrhundert (Halle, Landesmuseum für Vorgeschichte, HK-Nr. 13:2712)

schen dem Balder des Merseburger Zauberspruchs und dem Baldr aus der nordgermanischen Mythologie unterschieden. Der Tod Baldrs gilt in der nordischen Mythologie zusammen mit der Fesselung Lokis als eine Vorbedingung für das Endschicksal der Götter: Ragnarök. Baldrs Tod galt es daher zu verhindern, erst recht, als Baldr von bösen Träumen geplagt wurde, die wohl seinen nahen Tod ankündigten. Baldrs Mutter Frigg (die der Friia – nicht Freyja! – des Zweiten Merseburger Zauberspruchs entspricht) nahm daraufhin alle Lebewesen unter Eid, Baldr kein Leid anzutun. Da sie aber die Mistelpflanze von der Eidesleistung ausgenommen hatte, konnte diese auf Anstiften Lokis zur tödlichen Waffe in den Händen des blinden Hödr (Höðr) werden.

In Analogie zu den bösen Träumen Baldrs wurde das Straucheln des Fohlens als Vorzeichen für Balders Tod und damit verbunden

Goldbrakteat Obermöllern-C (Halle, Landesmuseum für Vorgeschichte, HK-Nr. 25:693g)

Ragnarök gewertet. Ragnarök ist in der nordischen Mythologie letztlich die Vorbedingung für das Entstehen einer neuen Welt nach dem Tod der alten Götter (Odin [Óðinn], Thor [Þórr], Freyr usw.). Während einige Götter der „Söhne"-Generation, nämlich Vidar (Víðarr), Vali (Váli), Magni und Modi (Móði), Ragnarök überleben, kehren Baldr und sein Bruder Hödr aus dem Totenreich Hel auf die Erde zurück. Mit der Gleichsetzung des Schicksals des nordgermanischen jugendlichen Gottes Baldr mit dem des Fohlens aus dem Zweiten Merseburger Zauberspruch (also einer Parallelisierung des Vorgangs Tod – Auferstehung mit dem Vorgang Verletzung – Heilung) konnte die Heilung von Balders Fohlen als „Verheißung von Balders Wiederkehr und damit als Verkündigung der ewigen Wiederkunft alle[n] Lebens überhaupt"[34] gedeutet werden. Allerdings sind die nordischen Quellen zum Baldr-Mythos problematisch; sie reichen kaum aus, dem Mythos um Baldrs Tod auch ein Mythologem (Element oder Motiv innerhalb der Mythologie) seiner „Auferstehung" hinzuzufügen.[35] Man hat versucht, die Existenz des Mythos um Baldrs Tod, die nur für Skandinavien sicher zu belegen ist, auch für den kontinentalgermanischen Raum nachzuweisen. Ein in Obermöllern – nur 40 Kilometer von Merseburg entfernt, zwischen Naumburg und Burkersroda gelegen – aufgefundener Goldbrakteat schien „den tödlichen Fohlensturz der Merseburger Mythe"[36] abzubilden und sei damit als „völkerwanderungszeitliche Bildchiffre [...] der Göttersage, die uns auf dem Kontinent kurz und eindringlich der Wortlaut des zweiten Merseburger Zauberspruchs mitteilt"[37] aufzufassen. Der Brakteat zeigt eine menschliche Figur in schamanistischem Gestus, die einem Tier – vielleicht einem Pferd – zugewendet ist, das offenbar gestürzt ist und sich ein Bein ausgerenkt hat. Ähnliche Motive lassen sich auch auf anderen Goldbrakteaten skandinavischer Provenienz entdecken. Die Deutung dieser Brakteaten als Zeugnis für die Existenz der „Merseburger Mythe" schon für die Völkerwanderungszeit und auch für Skandinavien[38] ist allerdings nicht unproblematisch und Gegenstand wissenschaftlicher Kontroversen.[39] Die Unsicherheit in der Brakteatendeutung ist zu groß, um ihnen einen derartigen Quellenwert zuzugestehen:[40] Das Vorgehen der Forschung gleicht hier ganz offensichtlich einer Geschichtsklitterung; verschiedene, aus unterschiedlichen Zeitepochen und Örtlichkeiten überlieferte Begebenheiten werden akkumulativ zu einem konzisen Mythos montiert. Deshalb ist nachdrücklich darauf hinzuweisen, dass derartige mythologisierende Deutungen letztlich Spekulation bleiben müssen.

Die Merseburger Zaubersprüche und die germanische Götterwelt

Die Religion und Mythologie der Germanen, ihre Vorstellungen von Göttern, übernatürlichen Wesen, vom Jenseits, ihre Kultpraxis u. a. sind durch zahlreiche archäologische und schriftliche Quellen erschließbar. Von einer einheitlichen Religion der Germanen kann dabei allerdings nicht gesprochen werden, da im Zeitraum von der römischen Kaiserzeit über die Völkerwanderungszeit bis zum Ende der Christianisierung der germanischen Stämme im Mittelalter Veränderungen im religiösen System zu beobachten sind. Die Auswertung der Quellen ist allerdings nicht unproblematisch, da die meisten Quellen nicht autochthon (vor Ort entstanden) oder unverfälscht sind, sondern aus der Perspektive christlicher Missionare oder Historiker bzw. Gelehrter stammen. Bedingt durch die frühere Christianisierung der germanischen Stämme auf dem Kontinent in der Völkerwanderungszeit und im Frühmittelalter existieren im Vergleich zu Skandinavien – wo die Missionierung erst in der Mitte des 11. Jahrhunderts abgeschlossen wurde – weit weniger Quellen. Die wichtigste Quelle für die Religion der Germanen bilden dabei einige Lieder der Edda sowie die Snorra-Edda. Die Snorra-Edda ist ein gelehrtes Handbuch für Dichter, das die germanische Götterwelt systematisch darstellen will. Verfasst wurde die Snorra-Edda um 1220 von dem Isländer Snorri Sturluson, der natürlich Christ war. Nicht alles, was Snorri in seiner Edda berichtet, kann daher vorbehaltlos als unverfälschte Quelle für die Religion der Nordgermanen verwendet werden. Wegen des großen zeitlichen und geographischen Abstandes ist es auch nicht unproblematisch, die Aussagen der Snorra-Edda als repräsentativ für die Religion der germanischen Stämme auf dem Kontinent zur Zeit der Völkerwanderung und des Frühmittelalters anzusehen. Während Snorri in seiner Edda ausführlich über die germanischen Götter in Skandinavien berichtet, bieten die frühmittelalterlichen Quellen auf dem Kontinent weniger Material. Mögen auch die Namen der germanischen Götter auf dem Kontinent und in Skandinavien etymologisch (in der Wortentwicklung) identisch sein, so lässt sich daraus nicht ohne Weiteres folgern, dass die religiösen Vorstellungen gleichfalls identisch waren. Diese Problemlage ist auch bei der Auseinandersetzung mit den Merseburger Zaubersprüchen zu beachten. Daher ist auch – wie bei der Auseinandersetzung mit dem Baldermythos (s. o.) – zwischen den skandinavi-

Bildstein von Tjängvide. Der obere Teil stellt offenbar Odin auf seinem achtbeinigen Pferd Sleipnir dar, der Walhalla erreicht. (Antiquarian Topographical Archives, the National Heritage Board, Stockholm, picturestone Gotland, G 110)

Sonnenwagen von Trundholm, offenbar eine Darstellung der mythischen Sonnenfahrt, um 1400 v. Chr. (Kopenhagen, Dänisches Nationalmuseum, [NM] B 7703)

schen und kontinentalgermanischen Götternamen genau zu unterscheiden.

Die Merseburger Zaubersprüche überliefern eine große Zahl germanischer Götternamen, die sonst in der kontinentalgermanischen Überlieferung nicht greifbar sind. Wodan und Friia sind in anderen Quellen bezeugt, dagegen sind Sunna und Volla sowie der Gott Balder nur aus der skandinavischen mythologischen Überlieferung bekannt. Die Götter Sinthgunt und Phol sind schließlich nur durch den Zweiten Merseburger Zauberspruch bekannt. Wodan gehört zu den bekanntesten Göttern der germanischen Mythologie. Er findet seine Entsprechung im nordgermanischen Odin, der mit seinem achtbeinigen Pferd Sleipnir auf gotländischen Bildsteinen dargestellt ist. Wie im Zweiten Merseburger Zauberspruch werden Wodan auch im altenglischen Neun-Kräuter-Segen heilende Kräfte zugeschrieben. Friia ist mit der nordischen Göttin Frigg gleichzusetzen. Diese ist die Gemahlin Odins, als ihr Sohn wird Baldr genannt. Der Tod Baldrs ist letztlich Auslöser für Ragnarök, das Endschicksal der germanischen Götter. Die Schwestern Sinthgunt und Sunna sind offenbar als Situationsgöttinnen zu sehen. Sie wurden bei bestimmten Gelegenheiten angerufen. Da der germanische Kult auf die Sonne, nicht aber eine Sonnengöttin bezogen war, wird eine Deutung der Sunna als Sonnengöttin heute weitgehend abgelehnt. Auch Friia und Volla sind im Zusammenhang des Zweiten Merseburger Zauberspruchs wohl als Situationsgötter zu deuten. Während Friia und Volla hier als Schwestern erscheinen, stellt sich das Verhältnis ihrer nordgermanischen Entsprechungen Frigg und Fulla etwas anders dar: Snorri Sturluson bezeichnet Fulla als Zofe der Frigg.

Insgesamt bereichern die Merseburger Zaubersprüche unser Bild vom Wirken der kontinentalgermanischen Götter. Dabei können diese jedoch nicht losgelöst von anderen Textzeugnissen sowie der nordgermanischen Götterwelt gesehen werden. Die genaue Bestimmung des Verhältnisses der kontinentalgermanischen Götter zu ihren nordgermanischen Entsprechungen muss jedoch aufgrund von Widersprüchlichkeiten und der Quellenchronologie mit der notwendigen Vorsicht vorgenommen werden.

Die Wahrscheinlichkeit, einen germanischen Mythos in den beiden historiolae der Merseburger Zaubersprüche entdecken zu können, ist als äußerst gering zu veranschlagen. Die Untersuchung der historiolae anderer althochdeutscher Zauber- und Segenssprüche lehrt vielmehr, dass sie gegenüber der incantatio und damit verbunden dem intendierten Zauberzweck als zweitrangige Produkte zu verstehen sind. Christliche Segenssprüche halten sich in der Regel nicht an biblische oder apokryphe (nicht zum biblischen Kanon gehörige) Vorbilder, sie gehen sehr frei mit den handelnden Personen um und erfinden die geschilderten Begebenheiten neu. Die Anknüpfung an ein konkretes heilsgeschichtliches Ereignis aus der Bibel findet in den überlieferten Segenssprüchen eben nicht statt. Die Geschehnisse der historiolae scheinen vielmehr klar im Hinblick auf die intendierte Wirksamkeit konstruiert worden zu sein: „In den Beschwörungen durchläuft das biblische Wort als Inserat in der normsetzenden historiola also häufig einen aus theologischer Perspektive unzulässigen Adaptionsprozeß."[41] – So schildert der „Trierer Spruch"[42] eine gemeinsame Reise von Christus und dem Heiligen Stephanus (Stephanus, Patron der Pferde); im „Wiener Hundesegen"[43] wird der heilige Martin als Hirte Christi bezeichnet (Martin von Tours: Schutzheiliger der Hirten); im „Bamberger Blutsegen"[44] tragen Christus und Judas ein Waffenspiel mit Spießen aus.[45] Man bedient sich hier ganz offensichtlich konstruierter Ereignisse, obwohl die Evangelien mit den Wunderheilungen durch Jesus – etwa die Heilung eines Gelähmten (Matthäusevangelium 9, 2–8) oder einer blutflüssigen Frau (Matthäusevangelium 9, 20–23) – genügend Anknüpfungsmöglichkeiten geboten hätten.

Aus diesem Grund dürfte auch der Quellenwert der Merseburger Zaubersprüche für die germanische Religionsgeschichte wesentlich zurückhaltender zu beurteilen sein. Er manifestiert sich, wie andere kontinentale Quellen auch, vor allem in der Überlieferung von Götternamen. Daneben geben sie Zeugnis von der Existenz derartiger Zaubersprüche bei den kontinentalen Germanen. Weiterhin lassen sich – wie oben angedeutet – auch einige Rückschlüsse auf die Funktionsweise von Zauber- und Segenssprüchen ziehen.

Zur Überlieferung der Merseburger Zaubersprüche – Codex I, 136 der Merseburger Domstiftsbibliothek

Die Merseburger Zaubersprüche sind nach ihrem Fundort, der Merseburger Domstiftsbibliothek, benannt. Hier finden sie sich in einer Sammelhandschrift aufgezeichnet, die zwei weitere althochdeutsche Texte, das Fränkische Taufgelöbnis und das Merseburger Gebetsbruchstück, enthält.

Schon immer schien der Befund verwunderlich, dass zwei Zaubersprüche mit heidnischen Götternamen in einer christlichen Sammelhandschrift aufgezeichnet wurden. So folgt unmittelbar auf die Zaubersprüche ein lateinisches Gebet, das von anderer Hand eingetragen wurde:

Omnipotens sempiterne noster deus qui facis mirabilia magna solus· praetende super famulum tuum· N· et super cunctas congregationes illis commissas spiritum gratie salutaris· et ut in ueritate

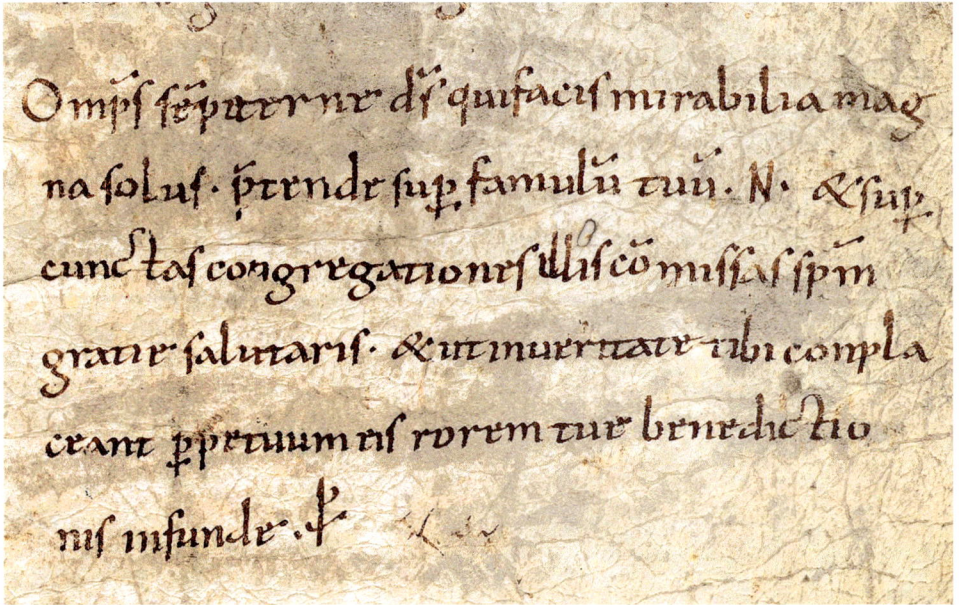

Lateinisches Gebet unter den Merseburger Zaubersprüchen (Merseburg, Domstiftsbibliothek, Cod. I, 136, fol. 84r)

tibi conplaceant perpetuum eis rorem tue benedictionis· P

Allmächtiger ewiger Gott, der Du allein große Wunder tust; breite über Deinen Knecht N und über alle ihm anvertrauten Kongregationen den Geist der heilsamen Gnade aus und übergieße sie mit dem Tau Deines Segens, auf dass sie in Wahrheit Deinen Gefallen finden.

Offenbar nimmt das Gebet bewusst Bezug auf die Zaubersprüche, indem hier betont wird, dass es allein Gott ist, der Wunder wirken kann.

Der gesamte Überlieferungskontext der Merseburger Zaubersprüche ist lateinisch-christlicher Natur. Die insgesamt aus fünf Teilen bestehende Merseburger Handschrift überliefert in ihrem ersten Teil überwiegend mit dem Taufritual zusammenhängende Texte, darunter das in althochdeutscher Sprache abgefasste „Fränkische Taufgelöbnis":[46]

Interrogatio Sacerdotis

Forsahhistu unholdun? Ih fursahu.
Forsahhistu unholdun uuerc indi uuillon? Ih fursahhu.
Forsahhistu allem them bluostrum indi den gelton indi den gotum thie im heidene man zi geldom enti zi gotum habent? Ih fursahhu.
Gilaubistu in got fater almahtigan? Ih gilaubu.
Gilaubistu in christ gotes sun nerienton? Ih gilaubu.
Gilaubistu in heilagan geist? Ih gilaubu.
Gilaubistu einan got almahtigan in thrinisse inti in einisse? Ih gilaubu.
Gilaubistu heilaga gotes chirichun? Ih gilaubu.
Gilaubistu thuruh taufunga sunteono forlaznessi? Ih gilaubu.
Gilaubistu lib after tode? Ih gilaubu.

rechte Seite: Fränkisches Taufgelöbnis (Merseburg, Domstiftsbibliothek, Cod. I, 136, fol. 16r)

Interrogatio sacerdotis

Forsahhistu unholdun. **Ih fursahhu.**
Forsahhistu unholdun uuerc
indi uuillon. **Ih fursahhu.**
Forsahhistu allem them bluostrum
indi dergeldon indi dengotum thie
im heideneman zigeldom erazigo
tum habent. **Ih fursahhu.**

Gilaubistu in got fater almahtigan. **Ih**
gilaubistu in Christ
gotes sun nerienton. **Ih gilaubu.**
Gilaubistu in heilagan geist. **Ih gilaub.**
Gilaubistu einan got almahtigan
in thrinisse. Indi in einnisse. **Ih gilaub.**
Gilaubistu heilaga gotes chirichun. **Ih g.**
Gilaubistu thuruh taufunga
sunteono forlaznessi. **Ih gilaub.**
Gilaubistu lib aftertode. **Ih gilaub.**

Exorzizo te maligne spiritus ut
exeat et recedat ab hanc locum do.
Exi ab eo sps inmunde et redde
honorem do uiuo et uero.
Accipe signum crucis xpi tam in
fronte quam in corde. Sume
fidem caelestium praeceptorum.
Talis esto moribus; ut templum di

Befragung durch den Priester

Sagst du dem Teufel ab? Ich sage ab.
Sagst du ab des Teufels Werk und Willen? Ich sage ab.
Sagst du ab allen jenen Opferbräuchen und jenen Opfergaben und jenen Göttern, die bei den Heiden als Opferbräuche und Opfergaben und Götter Geltung haben? Ich sage ab.
Glaubst du an Gott, den allmächtigen Vater? Ich glaube.
Glaubst du an Christus, den Sohn Gottes, den Erlöser? Ich glaube.
Glaubst du an den heiligen Geist? Ich glaube.
Glaubst du an einen einzigen allmächtigen Gott in Dreiheit und Einheit? Ich glaube.
Glaubst du an die heilige Kirche Gottes? Ich glaube.
Glaubst du an die Vergebung der Sünde durch die Taufe? Ich glaube.
Glaubst du an das Leben nach dem Tod? Ich glaube.

In einer deutsch-angelsächsischen Minuskel aus dem ersten Drittel des 9. Jahrhunderts, die typisch für das Scriptorium (Schreibwerkstatt) des Klosters Fulda ist, eröffnet es auf Blatt 16ʳ einen lateinischen Taufritus. Das „Fränkische Taufgelöbnis" besteht aus einer abrenuntiatio (Abschwörung der alten Götter: *forsahhistu unholdun – ih fursahu*) und einer confessio (Glaubensbekenntnis: *gilaubistu in got fater almahtigan – ih gilaubu. Gilaubistu in christ – ih gilaubu*). Die Frage nach dem Glauben an die Trinität (Gott als Vater, Sohn und Heiliger Geist) ist eine Besonderheit, die das „Fränkische Taufgelöbnis" mit einem lateinischen Taufgelöbnis des Hrabanus Maurus in dessen Schrift „De institutione clericorum" (Schrift, die Grundwissen für Priester bietet) aus dem Jahr 819 teilt.

Der zweite Teil der Handschrift überliefert verschiedene biblische Cantica (Psalmen oder psalmähnliche Textstücke aus der Bibel), dann 68 Titel des Capitulare Monasticum (überarbeitete Benediktinerregel) sowie die Abschrift eines Briefes des Abtes Theodemar von Monte Cassino an Karl den Großen. Der dritte, der vierte und der fünfte Teil enthalten zahlreiche Messformulare, Teilformulare und Gebete, die insgesamt „ein Supplementum bilden, das sich deutlich nach dem Vorbild des Benedikt von Aniane zugeschriebenen Fränkischen Supplementum richtet".[47] Auf Blatt 52ʳ in der vierten Bindeeinheit findet sich noch ein weiterer althochdeutscher Text, das „Merseburger Gebetsbruchstück", welches ein zentrales lateinisches Gebet der Messe, Unde et memores (Daher sind wir denn eingedenk ...), übersetzt:

Nec non et ab inferis resurrectionis
ioh ouh fon hellu arstannesses. íoh ouh In himilun diurliches ufstiges. brengemes **præclaræ** *berehtero dinero heri. fon dinan gebon* **ac datis** *Inti giftin.*

Merseburger Gebetsbruchstück (Merseburg, Domstiftsbibliothek, Cod. I, 136, fol. 52r)

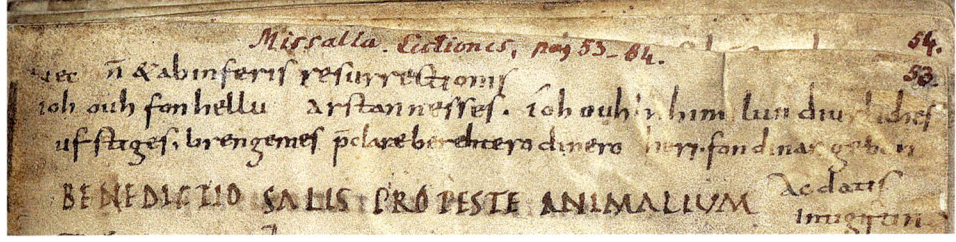

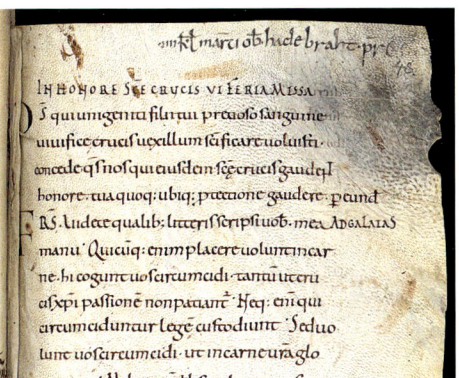

Merseburg, Domstiftsbibliothek, Cod. I, 136, fol. 47r

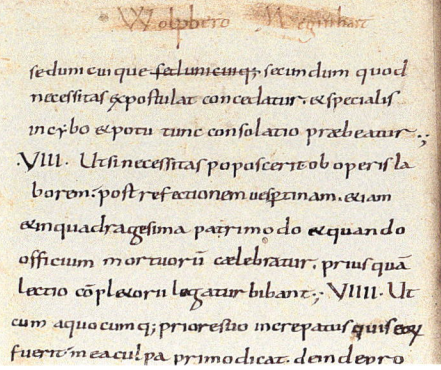

Merseburg, Domstiftsbibliothek, Cod. I, 136, fol. 35v

Und gewiß auch der Auferstehung von den Toten
und auch der Auferstehung von der Hölle. und auch der herrlichen Auferstehung in die Himmel bringen wir **wunderbare** deiner glänzenden Herrlichkeit. von deinen Gaben **und Gaben** und Geschenken

„Das Merseburger Gebetsbruchstück ist eine mehr oder minder spontan erstellte Originalaufzeichnung aus der liturgischen Praxis. Der althochdeutsche Text zeugt vom Können eines liturgisch und philologisch gebildeten Fuldaer Priestermönchs."[48] Unter den Gebeten und Messformularen der Merseburger Handschrift sind auch Segensformeln gegen Tierkrankheiten und gegen Fieber zu finden. Auf fol. 75^v ist marginal folgender Fiebersegen eingetragen worden:

In nomine patris et filii et spiriti sancti adiuro te frigus per patrem et filium et spiritum sanctum per tria testimonia per quattuor euangelistas per duodecim apostolos per duodecim prophetas per 24 seniores per dominum nostrum qui super mare siccis pedibus ambulauit per nouem ordines angelorum per crucem eidem domini nostri iesum christi ut recedas ab hoc famulo dei et eum ultra non tangas.

Im Namen des Vaters und des Sohnes und des Heiligen Geistes beschwöre ich dich, Kälte/Fieber, bei dem Vater und Sohn und dem Heiligen Geist, bei den drei Zeugnissen, bei den vier Evangelisten, bei den zwölf Aposteln, bei den zwölf Propheten, bei den 24 Älteren, bei unserem Herrn, der trockenen Fußes über das Meer gewandelt ist, bei den neun Ständen der Engel, bei dem Kreuz ebendieses unseres Herrn Jesus Christus, dass du von diesem Diener Gottes weichst und ihn nicht weiter berührst.

Vom heutigen Standpunkt aus können heidnische Zaubersprüche und christliche Benediktionen als typologisch gleichwertig gelten, darauf weist auch die gemeinsame Überlieferung mit den kirchlichen Benediktionen hin. Der heidnisch-germanische Inhalt dürfte von den mittelalterlichen Mönchen ebenso wenig als Sakrileg aufgenommen worden sein wie die christlichen Segenssprüche, die die biblische Heilslehre verfälscht darstellten. Der mittelalterliche Glaube an die Existenz und Kraft der Magie begegnet selbst bei den Kirchenvätern. Die Kraft des unverfälschten Wortlauts spielt auch im christlichen Denken eine Rolle und mag dazu geführt haben, dass im Interesse der Funktionsfähigkeit des Zweiten Merseburger Zauberspruchs die heidnischen Götternamen nicht durch christliches Personal ersetzt wurden. Insbesondere im Frühmittelalter war darüber hinaus das Heilen durch die Anwendung von Zaubersprüchen durchaus gebräuchlich. Der spätantike Arzt Marcellus Empiricus (um 400) schloss sein Werk „De medicamentis" (Über Heilmittel) mit folgenden Worten ab:

> „Zieh also Ärzte hinzu je nach dem Umstand, nach der Krankheit und nach der Beschaffenheit des Alters, ausgerüstet mit höchster Vernunft, sei es, du möchtest einem Kranken lieber mit einem Kraut Heilung bringen, sei es, lieber mit einem Zauberspruch: denn ein zuverlässiges Mittel für die Heilung ist ein Zauberspruch, der aus dunklen Worten heraus Wunder bewirkt."[49]

Die prinzipielle Gleichrangigkeit von Zauber- und Segenssprüchen mit medizinischen Maßnahmen in der Heilbehandlung mag in Zeiten, in denen eine medizinische „Fachliteratur" sich erst entwickeln musste, zur Aufnahme der Merseburger Zaubersprüche in eine christliche Sakramentarhandschrift geführt haben. Die Verwendung germanischer Götternamen lässt darauf schließen, dass ihre Entstehung noch vor die Zeit der durchgehenden Christianisierung der germanischen Einzelstämme zu datieren ist. Eine exakte Datierung ihrer Entstehung ist indes nicht möglich. Mit Sicherheit kann nur gesagt werden, dass die Merseburger Zaubersprüche älter als ihre Niederschrift im ersten oder zweiten Drittel des 10. Jahrhunderts[50] sein müssen, weil bestimmte Wortformen auf das Vorhandensein einer Vorlage, die nicht korrekt umgesetzt wurde, hindeuten. Das Alter der Vorlage ist ebenso wenig zu bestimmen, auch der Laut- und Formenbestand, der sich weitgehend mitteldeutsch präsentiert, erlaubt keine sichere Datierung. Insofern kann ein an kulturhistorischen Gerüstfakten gemessener Datierungsversuch nur eine Annäherung bieten. Die Christianisierung der rechtsrheinischen germanischen Stämme kann einen relativ sicheren Endtermin markieren. Infolge der Tatsache, dass diese Christianisierung aber als lang andauernder Prozess zu begreifen ist, und ein derartiger Prozess in hohem Maße auch zur Rückbesinnung auf die eigenen religiösen Traditionen anregen musste, dürfte die Vermutung einer Entstehung vor oder in der Zeit der Missionstätigkeit des Bonifatius († 754) die größte Wahrscheinlichkeit beanspruchen. Ein Entstehungsort kann dagegen nicht plausibel gemacht werden. Mit Sicherheit lässt sich aufgrund des Handschriftenkontextes nur der Aufzeichnungsort der Merseburger Zaubersprüche im Kloster Fulda nachweisen.

Einband des Codex I, 136 der Merseburger Domstiftsbibliothek

Die Merseburger Zaubersprüche und ihr Handschriftenkontext
(Merseburg, Domstiftsbibliothek, Cod. I, 136)

Der Handschriftenkontext – vor allem die auf verschiedenen Seiten als Federproben notierten Personennamen – geben darüber hinaus weitere Aufschlüsse über die Geschichte der Handschrift. Eine auf Blatt 47[r] überlieferte Todesnachricht eines Priesters *Hadebraht* legt die Präsenz des Codex – mindestens des nachträglich eingehefteten Blatt 47 – im Jahre 964 für Fulda nahe.[51] Der auf Blatt 35[v] überlieferte Personenname *Uuolpbero* kann einem im Jahre 990 verstorbenen Laienbruder dieses Namens zugewiesen werden, was die Präsenz dieses Handschriftenteiles auch noch für das Jahr 990 in Fulda nahelegt.[52] In Anbetracht der Aufhebung des Merseburger Bistums zwischen 981 und 1004 ist es kaum wahrscheinlich, dass die Handschrift in diesem Zeitraum nach Merseburg gelangte. Vielmehr dürfte sie nach der Wiedererrichtung des Bistums durch König Heinrich II. unter Bischof Wigbert (Amtszeit: 1004–1009), der als Begründer der Merseburger Domstiftsbibliothek gilt, an ihren späteren Fundort gelangt sein. Wie lange die Handschrift in Merseburg tatsächlich liturgisch benutzt wurde, lässt sich nicht feststellen.

Das Erscheinungsbild der Handschrift ist heute stark durch die häufige Benutzung beeinträchtigt. Der Coperteinband hat seine beiden Schließen eingebüßt. Diese sind nur noch anhand der Verfärbung des Ziegenledereinbands und der Einstiche für die Naht lokalisierbar. Die Rotfärbung des Einbands ist vor allem noch am Rücken erkennbar, auf der

Rückseite und dem Deckel der Handschrift ist diese fast völlig abgeschabt. Der Einband wurde innen mithilfe einer Pergamenthandschrift verstärkt, die offenbar aus dem 9. Jahrhundert stammt.

Die einzelnen Teile der Handschrift Cod. I, 136 weichen in ihrer Größe stark voneinander ab. Die Zusammenfassung zu einer Handschrift trotz dieser erheblichen Abweichungen ist im Blick auf die übrigen Handschriften der Merseburger Domstiftsbibliothek ungewöhnlich. Die Qualität des Pergaments und dessen Bearbeitung differiert ebenfalls erheblich.

Insbesondere aufgrund der Überlieferung zahlreicher für die Sprachgeschichte wichtiger Texte verdient die Handschrift künftig noch eine eingehende Untersuchung ihrer Entstehung und der Verwendung der einzelnen Handschriftenteile.

Althochdeutsche Zauber- und Segenssprüche

In der althochdeutschen Literatur existieren zahlreiche weitere Zauber- und Segenssprüche. Diese Sprüche verraten ebenso, dass magische Praktiken zum Alltag gehörten. Der Indiculus superstitionum et paganiarum (Kleines Verzeichnis des Aberglaubens und des Heidentums) aus dem Ende des 8. Jahrhunderts bezeugt mit seiner Kapitelüberschrift *De incantationibus*, dass magische Gesänge bzw. Zaubersprüche offenbar in Gebrauch waren. Einzigartig sind die Merseburger Sprüche jedoch, da in ihnen ausschließlich germanische Gottheiten genannt werden, die das Funktionieren des Zaubers bewirken. Die Aufzeichnung der Zaubersprüche setzte voraus, dass magische heidnische Praktiken trotz der Christianisierung noch lebendig und akzeptiert waren. Das „Sächsische Taufgelöbnis" ist dafür ebenfalls ein wichtiges Zeugnis. Es enthält die Aufforderung an den Täufling, den heidnischen Göttern *Thunaer ende Woden ende Saxnote* (Donar, Wodan und Saxnot) abzuschwören.

Sächsisches Taufgelöbnis[53]

Forsachistu diabolae?
et respondet: ec forsacho diabolae.
end allum diobolgeldę?
respondet: end ec forsacho allum diobolgeldae.
end allu\<m\> dioboles wercum?
respondet: end ec forsacho allum dioboles wercum and wordum, Thunaer ende Woden ende Saxnote ende all\<u\>m them unholdum, the hira genotas sint.
gelobistu in got alamehtigan fadaer?
ec gelobo in got alamehtigan fadaer.
gelobistu in Crist godes suno?
ec gelobo in Crist gotes suno.
gelobistu in halogan gast?
ec gelobo in halogan gâst.

Sagst du dem Teufel ab?
Und er antwortet: Ich sage dem Teufel ab.
Und allem Teufelsopfer?
Er antwortet: Und ich sage ab allem Teufelsopfer.
Und allen Werken des Teufels?

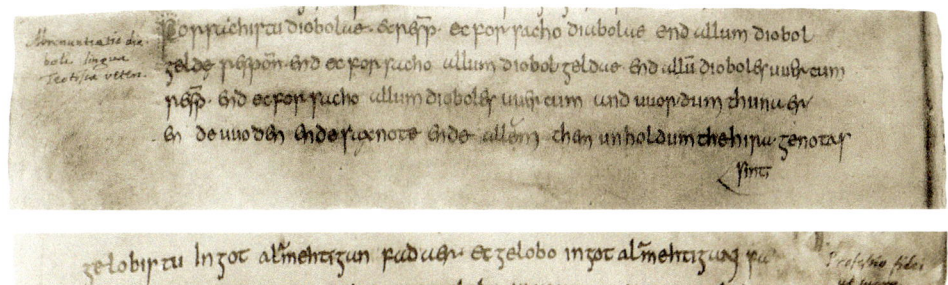

Sächsisches Taufgelöbnis (Rom, Biblioteca Apostolica Vaticana, Pal. lat. 577, fol. 6v/7r)

Er antwortet: Und ich sage ab allen Werken und Worten des Teufels, Donar und Wodan und Saxnot und all den Teufeln, die ihre Genossen sind.
Glaubst du an Gott, den allmächtigen Vater?
Ich glaube an Gott, den allmächtigen Vater.
Glaubst du an Christus, den Sohn Gottes?
Ich glaube an Christus, den Sohn Gottes.
Glaubst du an den Heiligen Geist?
Ich glaube an den Heiligen Geist.

Die vielfach im Umgang mit der Natur, insbesondere mit Tieren, anzutreffenden magischen althochdeutschen Sprüche weisen im Gegensatz zu den Merseburger Zaubersprüchen einen christlichen Hintergrund auf. Hier ist es Christus oder ein Heiliger, der den Zauber bewirkt. Der „Lorscher Bienensegen" aus dem 10. Jahrhundert soll das Entweichen eines Bienenschwarmes verhindern – so wie die heilige Maria einmal einer Biene das Sitzen geboten habe, soll sich der Bienenschwarm nicht in den Wald begeben, sondern vielmehr Gottes Willen tun.
Im „Wiener Hundesegen" steht der heilige Martin als Beschützer der Hunde im Mittelpunkt. Der „Bamberger Blutsegen" konstruiert offenbar vor dem Hintergrund der Seitenwunde Christi bei dessen Kreuzigung ein Waffenspiel Christi mit Judas. Die Heilung der Wunde Christi soll das Vorbild für die Wundheilung durch den Zauberspruch sein. Neben dem Zweiten Merseburger Zauberspruch existieren noch fünf weitere althochdeutsche Sprüche, die zur Heilung eines Pferdes angewendet werden konnten. So soll im „Trierer Pferdesegen" mit Christi Hilfe ein lahmes Pferd, im Spruch „Ad equum errehet" ein Pferd von der Rähe (rheumatische Entzündung) geheilt werden. Bei diesen Beispielen wird jeweils auf das Wirken Christi, nicht auf das heidnischer Götter verwiesen. Grundsätzlich zeigen aber die Merseburger Zaubersprüche und weitere Sprüche, dass heidnische Magie und christliche Segensformeln ähnlich funktionieren.

Lorscher Bienensegen[54]

Kirst, imbi ist hucze! nu fliuc du, uihu minaz, hera fridu frono in godes munt heim zi comonne gisunt, sizi, sizi, bina: inbot dir sancte maria.
hurolob ni habe du: zi holce ni fluc du,
noh du mir nindrinnes, noh du mir nintuuinnest.
sizi uilu stillo, vuirki godes uuillon.

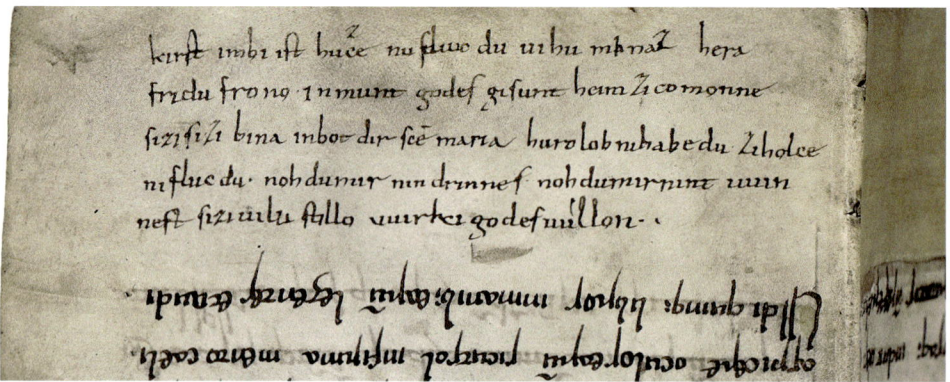

Lorscher Bienensegen (Rom, © 2014 Bibliotheca Apostolica Vaticana, Pal. lat. 220, fol. 58r). Der Segensspruch wurde auf dem Kopf stehend in einer lateinischen Handschrift nachgetragen.

Christus, der Schwarm ist heraus! Nun flieg du, mein, Tier, herbei, im Frieden des Herrn und mit dem Schutz Gottes komm gesund heim. Setz dich, setz dich, Biene: das gebietet dir die heilige Maria. Erlaubnis hast du keine: In den Wald flieg nicht du, weder entrinnst du mir, noch entweichst du mir. Sitz ganz still, führe Gottes Willen aus.

Wiener Hundesegen[55]

Christ uuart gaboren . er uuolf ode deiob . do uuas sancte marti christas hirti . der heiligo christ unta sancte marti, der gauuerdo uualten hiuta dero hunto . dero zohono . daz in uuolf . noh uulpa za scedin uuerdan nemegi . se uuara se geloufan uualdes . ode uueges . ode heido . der heiligo christ

Wiener Hundesegen
(Wien, Österreichische Nationalbibliothek, Cod. 552, fol. 107r)

unta sancte marti de frumma mir sa hiuto alla hera heim gasunta.

Christus wurde geboren, eher als Wolf oder Dieb. Da war der heilige Martin Hirte Christi. Der heilige Christ und der heilige Martin, der ehrwürdige, sie sorgen heute für die Hunde und Hündinnen, damit ihnen weder Wolf noch Wölfin zum Schaden sein können, wo immer sie auch laufen, im Wald oder auf dem Weg oder der Heide. Der heilige Christ und der heilige Martin, die mögen bewirken, dass wir heute alle hier gesund heimkommen.

Bamberger Blutsegen[56]

Crist unte Iudas spiliten mit spieza do wart der heiligo Xrist wund in sine siton. do nâm er den dumen. unte uorduhta se vorna. So uerstant du bluod. sose iordanis aha verstunt. do der heiligo ioh<ann>es den heilanden Crist in iro toufta. daz dir zo buoza!

*Crist wart hi erden wnt.
daz wart da ze himele chunt.
izne bluotete. noh ne swar.
noch nechein eiter ne bar.
taz was ein file guote stunte.*

heil sis tu wnte.
In nomine Ih´u Xpi. daz dir ze buoze.
Pat<er> n<oste>r. ter.
Et addens h<oc> ite<m> ter.
Ich beswere dich bi den heiligen fuf wnten. heil sis tu, wnde. <et> Per patrem. et filium. et spiritum scm fiat, fiat. Am<en>.

Christus und Judas spielten mit Spießen. Da ward der heilige Christ an der Seite verwundet. Da nahm er den Daumen und legte ihn darauf. Da blieb das Blut stehen, wie das Wasser des Jordan stehenblieb, als der heilige Johannes Christus, den Heiland, in ihm taufte. Dies dir zur Heilung!

Christus ward hier auf Erden wund,
das wurde da im Himmel kund.
Es blutete nicht, es schmerzte nicht,
und auch Eiter gab es nicht.
Das war eine gesegnete Stunde:
Heil seist du, du Wunde!

Im Namen Christi. Dies dir zur Heilung. Dreimal das Vater unser! Und füge dreimal hinzu: „Ich beschwöre dich bei den heiligen fünf Wunden: Heil seist du, Wunde, und beim Vater, beim Sohn und beim Heiligen Geist! Es geschehe, es geschehe! Amen."

Trierer Pferdesegen[57]

Incantatio contra eqvorum egritvdinem qvam nos dicimus spvrihalz.
Quam Krist endi sancte Stephan zi ther burg Saloniun. thar uuarth sancte Stephanes hros entphangan. Soso Krist gibuozta themo sancte Stephanes hrosse thaz entphangana, so gibuozi ihc it mid Kristes fullesti thessemo hrosse. Pater noster. Uuala Krist, thu geuuertho gibuozian thuruch thina gnatha thesemo hrosse thaz antphangana atha thaz spurialza, sose thu themo sancte Stepha-

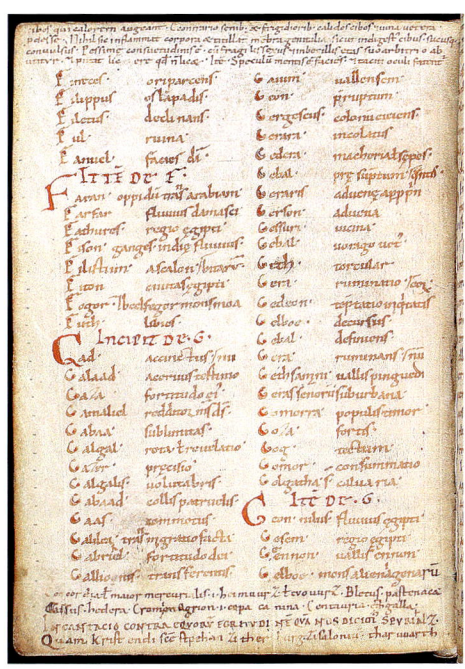

Bamberger Blutsegen
(Bamberg, Staatsbibliothek, Msc. Med. 6, fol. 139r)

Trierer Pferdesegen
(Trier, Stadtbibliothek, Hs 40/1018, fol. 36v)

Ad equum errehet (Paris, Bibliothèque nationale de France, Cod. nouv. acq. lat. 229, fol. 10r)

nes hrosse gibuoztos zi thero burg Saloniun. Amen.

Beschwörung gegen die Krankheit der Pferde, die wir „spurihalz" nennen.
Es kamen Christus und der heilige Stephan in die Stadt Jerusalem: Da wurde das Pferd des heiligen Stephan verfangen. Wie Christus des heiligen Stephan Pferd heilte, das verfangen war, so heile ich mit der Hilfe Christi dieses Pferd. Vater unser. Wohl, Christus, lasse dich herab zu heilen durch deine Gnade dieses Pferd, das verfangen wurde, oder das „spurihalz" hat, so wie du das Pferd des heiligen Stephan heiltest in der Stadt Jerusalem.

Ad equum errehet[58]

Man gieng after wege, zoh sin ros in handon. do begagenda imo min trohtin mit sinero arngrihte. „wes, man, gestu? zu neridestu?" „waz mag ih riten? min ros ist errehet." „nu ziuhez da bi fiere, tu rune imo in daz ora, drit es an den cesewen fuoz: so wirt imo des erreheten buoz. Pater noster. et terge crura eius et pedes, dicens ‚also sciero werde disemo – cuiuscumque coloris sit, rot, suarz, blanc, ualo, grisel, feh – rosse des erreheten buz, samo demo got da selbo buzta.'

Ein Mann ging des Weges, führte sein Ross an der Hand; da begegnete ihm mein Herr in seiner Barmherzigkeit. „Mann, weshalb gehst du? Weshalb reitest du nicht?" „Wie könnte ich reiten? Mein Roß hat die Rähe." „Nun zieh's her zu dir und raune ihm ins Ohr, tritt es an den rechten Fuß: so wird es seine Rähe los!" Vater unser. Und streiche ihm über die Beine und Füße, indem du sprichst: ‚So schnell sei diesem Ross – was immer es für eine Farbe habe: rot, schwarz, weiß, falb, grau oder gescheckt – die Rähe geheilt, wie jenem, das Gott da selber heilte.'"

Anders als Zaubersprüche und Segenssprüche, die sich an eine numinose Instanz wenden, funktionieren Beschwörungen. Beschwörungen wenden sich direkt an übernatürliche Wesen, so können etwa wie in Goethes „Zauberlehrling" gute Geister herbeibeschworen werden. Wesentlich häufiger ist aber eine Beschwörung, die gegen böse Geister, gegen eine Krankheit, ihren Verursacher oder einen schädlichen Dämon gerichtet ist. Diese werden in der Regel direkt angesprochen. Ein Beispiel hierfür ist die Beschwörung „Pro Nessia":

Pro Nessia[59]

*Gang uz, Nesso, mit niun nessinchilinon,
uz fonna marge in deo adra, vonna den adrun in daz fleisk,
fonna demu fleiske in daz fel, fonna demo velle in diz tulli.
Ter pater noster.*

Gegen Würmer
Geh hinaus, Nesso, mit neun Nessokindern,
von dem Mark in die Adern, von den Adern in das Fleisch,
von dem Fleisch in das Fell, von dem Fell in diese Spitze.
Drei Vaterunser

Die Rezeption der Merseburger Zaubersprüche in der Literatur

Der Stil, Klang und die Reime der Merseburger Zaubersprüche sind auch in der literarischen Welt auf großes Interesse gestoßen. Befördert wurde dies durch den Umstand, dass die Sprüche zum festen Kanon der deutschen Literaturgeschichte zählen und Bestandteil des Deutschunterrichts sind. In zahllosen Anthologien der deutschen Lyrik sind die Merseburger Zaubersprüche abgedruckt worden. In der Anthologie „Reclams großes Buch der deutschen Gedichte" (2007)[60] eröffnen sie die Auswahl der deutschen Lyrik und schließen sie gleichzeitig wieder, da im letzten aufgenommenen Gedicht „Auf einen alten Klang" von Peter Rühmkorf (siehe unten) Textbausteine der Merseburger Zaubersprüche montiert wurden. Die Merseburger Zaubersprüche sind daher in einem bislang noch unbekannten Maße immer wieder in verschiedenen literarischen Gattungen verarbeitet worden. Hier kann nur ein exemplarischer Einblick gegeben werden.

Joseph Roth schrieb 1930 für die Frankfurter Zeitung einen Brief mit dem Titel „Der Merseburger Zauberspruch". Zum Schicksal des dem Tagebau zum Opfer gefallenen Dorfes Runstedt (südwestlich von Merseburg, Geiseltal) hielt er dort fest:

> „Also nähere ich mich dem Dorfe Runstedt, das nicht mehr vorhanden ist. ... Es war ein altes Dorf, mit einem ehrwürdigen Namen, eine Stätte der Runen war es, benachbart der Heimat der ehrwürdigen Merseburger Zaubersprüche ... Hermunduren dürften an dieser Stelle gewohnt haben, an der heute die Industrie die Vandalen übertrifft."[61]

Roth stellt hier die mittelalterliche Vergangenheit einer durch Technik und Industrie als bedrohlich empfundenen Gegenwart gegenüber. Thomas Mann erwähnte in „Doktor Faustus. Das Leben des deutschen Tonsetzers Adrian Leverkühn, erzählt von einem Freunde" (1947) die Merseburger Zaubersprüche bei der Beschreibung der Heimatstadt Adrian Leverkühns, Kaisersaschern:

> „Es [Kaisersaschern] nährt sich von verschiedenen Industrien [...], und besitzt zu seinem kulturhistorischen Museum, das eine Kammer mit krassen Folter-Instrumenten aufweist, noch eine sehr schätzenswerte Bibliothek von 25000 Bänden und 5000 Handschriften, darunter zwei alliterierende Zaubersprüche, die von einigen Gelehrten für noch älter erachtet werden als die Merseburger ...".[62]

Thomas Mann erfindet in seinem „Doktor Faustus" in enger Anlehnung an die Merseburger Zaubersprüche zwei neue Zaubersprüche.

Der Dichter Robert Gernhardt verwandte ein Bruchstück der Merseburger Zaubersprüche in seinem 1955 verfassten Gedicht „Retrospektakel":[63]

> „Bilanz zu ziehen ist leider unmöglich.
> Wie Heraklit schon sagte: Pantha rhei.
> So auch der Fluß entgrenzter Fragmente.
> Faktenragout. Reminiszenzenbrei.
> Wohin man sieht: Zerbrochene Konturen.
> Eiris sazun idisi.
> Habe nun, ach ich kann nicht anders.
> Mitzuhassen, mitzulie. [...]"

Einzelne Bruchstücke des Ersten Merseburger Zauberspruchs montierte er in das Gedicht „An der Strecke Berlin-Weimar"[64] aus

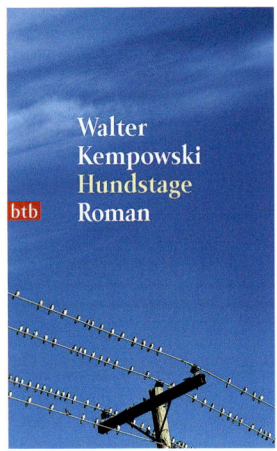  

Walter Kempowski: „Hundstage"; Jürgen Lodemann: „Siegfried und Krimhild"; Uwe Tellkamp: „Der Turm"

der 2002 publizierten Gedichtsammlung „Im Glück und anderswo":

„[...]
Auf einmal heißt es:
Merseburg.
Und du, wie unter
Zauber
Siehst nicht die laubfroschgrüne Lok
Hörst nur den alterswehen
Klang:
Eiris sazun idisi
[...]
Schau an: Jetzt heißts Groß-
korbetha

Umberto Eco:
„Der Name der Rose"

Das endet jeden
Zauber
So nimm denn Leben deinen
Gang
Ich hör ihn nicht, hörst du den
Klang
Suma heri dideldum ...?"

Der Klang der Zaubersprüche verführte auch Peter Rühmkorf zu einer Verwendung der Zaubersprüche in seinem Gedicht „Auf einen alten Klang" (1960):[65]

„Auf einen alten Klang:
Eiris sazun idi-
si und trieben lidi-
renki vor die Tür.
Flöteten die Merse-
burger Zauberverse,
waren gut zu mir. [...]"

In Umberto Ecos Roman „Der Name der Rose" von 1980 wird in einer Vision des Ich-Erzählers, Adson von Melk, ebenfalls ein Zitat aus den Zaubersprüchen verwandt:

„Der Hauptmann dieser Bogenschützen trat vor den Abt, salutierte, reichte ihm den Kelch und sprach: ‚Sose benrenki, sose bluotrenki, sose lidirenki, ben zi bena, bluot zi bluoda, lid zi geliden, sose gelimida sin!'"[66] Walter Kempowski verwandte ein Zitat aus den Zaubersprüchen in seinem 1988 erschienenen, autobiographisch geprägten Roman „Hundstage". Unter Mordverdacht geraten, verbrennt hier der alternde Schriftsteller Alexander Sowtschick die Sammlung seiner Herrenmagazine, dabei wird aus dem Zweiten Merseburger Zauberspruch zitiert: „... lid zi geliden, sose gelimida sin! Dahin sanken all die Hochglanzhefte mit den Über- und Unterliegereien ...".[67]

Jürgen Lodemann legte in seinem Roman „Siegfried und Krimhild" (2002) den Ersten Merseburger Zauberspruch der greisen Mutter Kriemhilds, Ute, in den Mund.[68] Damit sollen die alten germanischen Traditionen im Gegensatz zum Christentum betont werden. Im selben Roman benutzt der Titelheld Siegfried die Zauberformel des Zweiten Merseburger Zauberspruchs.

In Uwe Tellkamps Sittengemälde der Dresdner Bürgerlichkeit in der untergehenden DDR „Der Turm. Geschichte aus einem versunkenen Land" (2008) debattiert die Hauptperson, Christian Hoffmann, mit seinem Onkel Meno Rohde, einem Lektor, über den Literaturbetrieb in der DDR. Gegenstand des Gesprächs sind neben den Merseburger Zaubersprüchen das „Hildebrandslied" und Wolframs von Eschenbach „Parzival". Christian fragt: „Und die Merseburger Zaubersprüche sind viel zu formalistisch?", woraufhin der Lektor antwortet: „Ganz so schlimm steht's nicht mehr."[69]

In Merseburg, der Heimat der Zaubersprüche, haben sich seit den 30er Jahren des 20. Jahrhunderts immer wieder Historiker und Schriftsteller mit den Sprüchen befasst. Georg Wedding[70] und Siegfried Berger[71] (1891–1946) gaben eigene Monographien zu den Zaubersprüchen heraus.

Während Georg Wedding vor allem als Merseburger Heimatforscher tätig war und zahlreiche Beiträge zur Merseburger Geschichte veröffentlichte, vereinte Siegfried Berger zahlreiche Ämter und Interessen auf sich. 1891 in Merseburg geboren, stieg er hier politisch bis zum Regierungspräsidenten des 1945 gebildeten Regierungsbezirks Merseburg auf. Seine

Obergeschoss der Merseburger Stadtbibliothek mit einer Abschrift der Merseburger Zaubersprüche

Kinderbuch mit Zeichnungen zu den Merseburger Zaubersprüchen von Mara-Xenya Schulz, 2008

politische Karriere erstreckte sich damit ungebrochen von der Weimarer Republik bis in die Besatzungszeit. Zeitlebens trat er für eine lebendige Kulturarbeit ein und verfasste zahlreiche Romane und Aufsatzsammlungen zu seiner mitteldeutschen Heimat. 1946 starb Siegfried Berger in Halle (Saale).

Im Werk des Merseburgers Walter Bauer (1904–1976) finden sich zahllose Hinweise auf die Zaubersprüche, worunter jedoch das Gedicht „Spruch" (1945 oder 1946) herausragt,[72] das Bauer für seine Kameraden in der Kriegsgefangenschaft verfasst hatte:

> „Ein alter Spruch, ein Zauberspruch,
> Nach meiner kleinen Heimatstadt benannt,
> Ist mir von Kindheit scharf im Sinn geblieben.
> Insprinc haptbandun – im Grau der Zeit geraunt gesprochen –
> Hat mit Magie ganz frisch auch mein Gefangensein gebrochen;
> Die Fesseln fielen, die sich mir ins Fleisch gerieben,
> Hand wurde wieder Hand und Schritt zu gutgemutem Schritt,
> Mein Auge, ungeknebelt, nahm das ganze Hiersein mit,
> Erschöpft ward frisch, Alt wurde wieder jung. –
> Für Mitgefangene hab ich die Erinnerung
> An meinen Merseburger Zauberspruch geschrieben."

Zu Walter Bauers bekanntesten Arbeiten gehört „Stimme aus dem Leunawerk" von 1930, wo er in Versen und Prosa die Eindrücke vom neu entstandenen Chemiewerk festhielt. 1904 in Merseburg geboren, ergriff er den Beruf des Lehrers, war jedoch zunächst Gelegenheitsarbeiter. Seine früh erschienenen Bücher wurden 1933 durch die Nationalsozialisten verboten. Nach Krieg und Kriegsgefangenschaft lebte Walter Bauer als freischaffender Schriftsteller in der Nähe von München. 1952 wanderte er nach Kanada aus, wo er sich buchstäblich vom Tellerwäscher zum Lektor und Associate Professor (1967) für deutsche Sprache und Literatur an der Universität Toronto hocharbeitete. Walter Bauer blieb bis zu seinem Tode 1976 schriftstellerisch tätig, wobei er häufig auf seine Merseburger Herkunft Bezug nahm.

Die Merseburger Stadtbibliothek trägt seit 1994 den Namen „Walter Bauer". Im neu aufgesetzten Dachgeschoss, das Ende der 90er Jahre entstand, sind als Verweis auf Merseburgs literarische Tradition die Merseburger Zaubersprüche angebracht worden. Das Bemühen um die literarische Tradition Walter Bauers und um die Merseburger Zaubersprüche wird heute durch den alle zwei Jahre vergebenen „Walter-Bauer-Preis" gewürdigt. Zu den Preisträgern zählt Jürgen Jankofsky, der sich als Absolvent des Leipziger Literaturinstituts intensiv den Merseburger Zaubersprüchen zugewandt hat. Sein Kinderbuch „Rabenzauber"[73] (1994) ist ein Merseburger Stadtführer für Kinder; im Roman „Graureiherzeit"[74] (1996) nahm Jürgen Jankofsky auf die Zaubersprüche und insbesondere den Vers „Entfahre den Fesseln" Bezug. Jürgen Jankofsky wurde 1953 in Merseburg geboren. Nach einem abgebrochenen Chemiestudium an der Technischen Hochschule Merseburg wurde er am Konservatorium Halle (Saale) zum Bassisten ausgebildet. Ein Fernstudium am Literaturinstitut Leipzig schloss sich an. Von 1990–93 wirkte Jürgen Jankofsky als Stadtschreiber in Merseburg.

Im Zentrum seiner Erzählungen steht Merseburg und sein Umland, insbesondere die Janusköpfigkeit der Landschaft mit jahrtausendealter Kultur und moderner Industrie. Jüngst hat Nils Wiesner in dem Historienroman „Das Raunen der Runen"[75] die Merseburger Zaubersprüche als Leitlinie verarbeitet: Die im Zweiten Merseburger Zauberspruch genannten Schwestern Sunna und Sinthgunt beobachten und kommentieren als Geister über 1000 Jahre Merseburger Stadtgeschichte. Nils Wiesner, 1962 in Ueckermünde geboren, absolvierte ein Studium der Chemie an der Technischen Hochschule Merseburg. Seit 1985 arbeitet er als Chemiefacharbeiter im Leuna-Werk. Seine literarischen Arbeiten umfassen vor allem Historienromane, darunter auch Kinderbücher.

Im Auftrag des Merseburger Altstadtvereins erschien 2008 erstmals ein Kinderbuch,[76] das den Merseburger Zaubersprüchen gewidmet ist. In Reimen und Zeichnungen wird dem Leser das Geschehen der Merseburger Zaubersprüche verständlich nähergebracht und zugleich kurz historisch und germanistisch eingeordnet.

Der Schweizer Schriftsteller Hansjörg Schneider vereinte in seinem 2008 erschienen Kriminalroman „Hunkeler und die goldene Hand" zwei Merseburger Mythen: die Zaubersprüche und die mumifizierte Hand Rudolfs von Rheinfelden.[77] Gegenüber dem Schweizer Kommissär Peter Hunkeler bezieht der Geschichtslehrer Gottlieb Moser den Zweiten Merseburger Zauberspruch über die Heilung von Gliedern auf die abgeschlagene Schwurhand Rudolfs von Rheinfelden. Eine gründliche Untersuchung der literarischen Rezeption der Merseburger Zaubersprüche steht noch aus.

Die Merseburger Zaubersprüche in bildlichen Darstellungen

Nicht nur in der Literatur, sondern auch in der bildenden Kunst sind die Merseburger Zaubersprüche als Motive aufgegriffen worden. Allerdings sind bislang nur sehr wenige bildliche Darstellungen der Merseburger Zaubersprüche bekannt.

Die früheste Darstellung der Sprüche schuf offenbar der Maler Emil Doepler d. J. (1855–1922). In dem Buch „Walhall. Die Götterwelt der Germanen" von Wilhelm Ranisch (1901) ist beiden Zauberspüchen jeweils ein Bild gewidmet. Die farbigen Darstellungen

Illustration der beiden Merseburger Zaubersprüche durch Emil Doepler

Postkarte zur 1000-Jahr-Feier Merseburgs 1933 mit schauspielerischer Darstellung des Zweiten Merseburger Zauberspruchs

unten: Karl-Heinz Günther, Linolschnitt zur Mappe zu den Merseburger Zaubersprüchen mit tanzender Idise, im Hintergrund Darstellungen der beiden Zaubersprüche, 1989

MERSEBURGER ZAUBERSPRÜCHE

sind ganz dem Jugendstil verpflichtet und zeigen die Befreiung von Fesseln sowie die Heilung von Balders Pferd.

Eine Postkartenserie zur inszenierten Jahrtausendfeier Merseburgs von 1933 zeigt ebenfalls die Heilung von Balders Pferd. Die Szene wurde durch Schauspieler in historischen Ge-

Holzschnitt Hans Hoppes mit der Darstellung der Pferdeheilung aus dem Zweiten Merseburger Zauberspruch, 1980

wändern nachgestellt. Sie ist Teil einer ganzen Reihe ähnlicher Motive, die Ereignisse der Merseburger Geschichte zum Inhalt haben. Ein Faltblatt des Kulturhistorischen Museums Merseburg von 1980 zeigt einen Holzschnitt Hans Hoppes mit der Pferdeheilung. Hier versuchen sich drei gekrönte Göttinnen an der Heilung des gestürzten Pferdes. In der Nachfolge Hans Hoppes schuf der aus Halle stammende Grafiker Karl-Heinz Günther 1989 im Auftrag des Museums

Bild von Mara-Xenya Schulz zum Zweiten Merseburger Zauberspruch, 2008

oben und unten: Zauberspruch-Skulpturen von Klaus-Dieter Urban am Aufgang zum Kunsthaus „Tiefer Keller" in Merseburg mit neuhochdeutschem Text, 2012

Merseburg eine Mappe zu den Merseburger Zaubersprüchen. Diese zeigt auf der Vorderseite eine tanzende Idise. Dahinter spielt sich in einem Wald das Geschehen der beiden Zaubersprüche ab. Man sieht links ein verletztes Pferd und rechts einen gefesselten Gefangenen.

Die Merseburger Schülerin Mara-Xenya Schulz illustrierte 2008 ein Kinderheft zu den Merseburger Zaubersprüchen.[78] Die Bilder veranschaulichen wesentlich das den Zaubersprüchen zugrunde liegende Geschehen.

Bereits vor vielen Jahren hat sich der Metallbildhauer Klaus-Dieter Urban den Zaubersprüchen zugewandt. Seit 2012 schmücken Zauberspruch-Skulpturen aus Metall den Aufgang zum Kunsthaus Tiefer Keller. Sie zeigen nicht nur den neuhochdeutschen Text der Sprüche, sondern insbesondere das handelnde Personal. Dabei sind die Idisen das Herzstück der Personengruppe. Sie sollen die Vorübergehenden dazu einladen, sich mit den Merseburger Zaubersprüchen auseinanderzusetzen und somit die Texte in Merseburg bekannter machen.

Auch zahlreiche Kunstdrucke Klaus-Dieter Urbans zeigen in mystischer Verklärung, zum Teil mit Textbeigaben, das Geschehen der Zaubersprüche. Wiederum sind es die geheimnisumrankten Idisen, aber auch Balders Fohlen, die den Künstler besonders herausgefordert, ja zur Darstellung gereizt haben. Warme Farben bekräftigen dabei die Aussage der Drucke.

Als finalen Teil des „ALTAR der EUROPA" schuf die Leipziger Künstlerin ANTOINETTE (Meisterschülerin von Bernard Heisig) 2020/21 im Schlossgartensalon die vier Merseburger Zaubertafeln. Inspiriert vom Duktus und Inhalt der Handschrift behandeln die Tafeln eine Transformation, die „Freiheit und Heilung" als zentrale Themen der Zaubersprüche zum Ausgangspunkt haben. Farbenfroh-fröhlich und dunkel-bedrohlich als Antipoden vermittelt das monumentale Werk

Holzschnitt von Klaus-Dieter Urban zum Ersten Merseburger Zauberspruch, 2011

ein Fazit europäischer Geschichte: „Wir alle können uns jeden Tag auf den Weg machen und die ‚Grenzenlose Freude' wird unser erreichbares Ziel werden."

Merseburger Zaubertafel: Freude von ANTOINETTE, 2020, Stift auf Papier

Die Merseburger Zaubersprüche in der Musik

Mittelalterliche Zauber- und Segenssprüche wurden zeitgenössischen Quellen zufolge in gesungener und in gesprochener Form vorgetragen, wobei der Sprechvortrag auch durch besondere Intonation (Murmeln oder Raunen) ausgezeichnet sein konnte. Insofern lässt sich für die Merseburger Zaubersprüche sowohl gesanglicher, als auch gesprochener Vortrag vermuten. Eine zeitgenössische Melodie, die mit Neumen (mittelalterliches Notensystem) notiert wurde, ist jedoch nicht erhalten. Der mögliche gesangliche Vortrag hat allerdings zahlreiche Künstler angeregt, die Merseburger Zaubersprüche zu vertonen. Dieses Phänomen ist im Zusammenhang mit dem Mittelalter-Boom der vergangenen Jahrzehnte zu sehen. Die Vorreiterrolle kommt hierbei der Gruppe Ougenweide zu. Die von dieser Gruppe komponierte Melodie für den Ersten Merseburger Zauberspruch diente mehreren Inter-

Der folgende chronologische Überblick beansprucht keine Vollständigkeit.

Jahr	Interpret	Album	Titel	Zauberspruch
1974	Ougenweide	All die weil ich mag	Merseburger Zaubersprüche	1MZ
1989	Corvus Corax	Ante Casu Peccati	Merseburger Zauberspruch	1MZ
1998	ConventusTandaradey	Liebe und Tod	Eiris sazun idisi	1MZ
1999	Tanzwut	Tanzwut	Auferstehung	1MZ+2MZ
1999	In Extremo	Verehrt und angespien	Merseburger Zaubersprüche	1MZ
2001	In Extremo	Sünder ohne Zügel	Merseburger Zaubersprüche II	2MZ
2001	Helium Vola	Helium Vola	Lösespruch	1MZ
2003	Saltatio Mortis	Heptessenz	Der Merseburger Zauberspruch	1MZ
2003	Arcana Obscura	Live im Völkerschlachtdenkmal Leipzig 2003	Merseburger Zauberspruch	1MZ
2004	Barditus	Die letzten Goten	Gehörnter Freund	1MZ
2006	XIV Dark Centuries	Skithingi	Skiltfolk	1MZ
2006	XIV Dark Centuries	Skithingi	Bardensang Balderes Volon	2MZ
2006	InSpeculum	Charivari	Merseburger Bannspruch	
2006	Die Tuivelsminne	Im Osten nichts Neues	Eiris sazun idisi	1MZ
2007	Eirisproject	Germanic Mantra	Eiris sazun idisi	1MZ
2007	Eirisproject	Germanic Mantra	Phol ende Uuodan	2MZ
2008	Tibetréa	Skalli	Merseburger Zauberspruch I	1MZ
2009	Eisenfunk	Schmerzfrequenz	Zaubereien	1MZ
2009	Adivarius	Spiegelwelt	Merseburger Zauberspruch	1MZ
2009	Ignis Fatuu	Es werde Licht	Merseburger Zaubersprüche	1MZ
2009	Duivelspack	Mythos Hildebrandslied	Merseburger Zaubersprüche 1 + 2	1MZ+2MZ
2010	Des Teufels Lockvögel	Vanitas	Merseburger Zauberspruch II	2MZ
2011	Kentin Jivek	Now I'm Black Moon	Die Merseburger Zaubersprüche	1MZ+2MZ
2012	Tibetréa	Cadbodua	Merseburger Zauberspruch II	2MZ

„All die weil ich mag" von Ougenweide

„Ante Casu Peccati" von Corvus Corax

preten (u.a. In Extremo und Eisenfunk) als Vorbild für ihre Darbietungen. Das Album „Merseburger Zaubersprüche – Eine Huldigung an Ougenweide" aus dem Jahr 2010 dokumentiert den großen Einfluss, den die Vertonung des Ersten Merseburger Zauberspruchs auf spätere Interpreten hat.

Vertonungen der Merseburger Zaubersprüche sind in unterschiedlichen musikalischen Genres (Folk, „traditionelle" Mittelaltermusik, elektronische Mittelaltermusik, Mittelalter Rock, Elektro/Industrial, Pagan Metal, Viking Rock, Rechtsrock) zu finden. Die Motivation für die Vertonung der Merseburger Zaubersprüche dürfte unterschiedlich gelagert sein. Gruppen, die dem Genre der Mittelaltermusik zuzurechnen sind (Ougenweide, Corvus Corax, Conventus Tandaradey u.a.) und vornehmlich auf mittelalterlichen Instrumenten spielen, wird es eher um den Klang der mittelalterlichen Texte als solche gehen. Bands wie XIV Dark Centuries, die der Richtung Pagan Metal zuzurechnen sind, greifen heidnische Texte aufgrund ihres religiösen und kulturellen Selbstverständnisses auf. Bedenklich erscheint, dass auch von Bands, die dem Rechtsrock zuzuordnen sind, die Merseburger Zaubersprüche sowie andere althochdeutsche oder altnordische Texte aufgegriffen werden.

Angesichts der anhaltenden Begeisterung für das Magische und der Wiederentdeckung der germanischen Religion (mit teilweise problematischen Argumentationen) dürfte das Interesse an den Merseburger Zaubersprüchen als Vorlagen für Lieder nicht erlahmen, es hat, wie der keinesfalls Vollständigkeit beanspruchende Überblick zeigt, in den letzten Jahren spürbar zugenommen.

„Verehrt und angespien" von In Extremo

„Sünder ohne Zügel" von In Extremo

Die Merseburger Zaubersprüche und das öffentliche Interesse

Seit ihrer Entdeckung haben die Zaubersprüche, wie hier deutlich wurde, ein vielfaches Echo ausgelöst. Grundlage der Beschäftigung mit den Zaubersprüchen war immer wieder die Nutzung des Codex aus der Merseburger Domstiftsbibliothek. Bei einer Neuaufstellung der Domstiftsbibliothek erhielt die Handschrift im Jahre 1900 die bis heute gültige Signatur Cod. I, 136 (vorher Nr. 58). Die römische Zahl „I" verweist auf die Zugehörigkeit zu den Handschriften der Domstiftsbibliothek (während für die Drucke „Cod. II" Verwendung fand).

Schon kurz nach der Entdeckung der Merseburger Zaubersprüche lieh man die Handschrift mehrfach an Carl Eduard Förstemann, Universitätsprofessor und Bibliothekar in Halle (Saale), aus.[74] Als Theologe interessierte ihn offenbar vor allem der religiöse Inhalt der Sprüche. Im Juli/August sowie Oktober 1842 konnte Förstemann die Zaubersprüche für kurze Zeit in Augenschein nehmen. Angesichts eines erst erwachenden Interesses an den Handschriften der Domstiftsbibliothek sowie den Urkunden des Domstiftsarchivs nimmt es nicht Wunder, dass der Versand wertvoller Stücke bis ins 20. Jahrhundert hinein ganz üblich war. So schuf Paul Fridolin Kehr das 1899 erschienene Merseburger Urkundenbuch, ohne dass er mehrfach in der Stadt weilen musste – er ließ sich die Urkunden sämtlich zusenden.[75]

Die Ausleihe der Handschriften war indes heikel. 1863 brauchte es eine Empfehlung des preußischen Ministers der geistlichen Unterrichts- und Medizinalangelegenheiten, damit die Handschrift mit den Zaubersprüchen nach Berlin ausgeliehen werden konnte. Dort

Fotoaufnahme der Merseburger Zaubersprüche von Maximilian Herrfurth senior. Die Aufnahme fand häufig in Publikationen Verwendung, u.a. im „Großen Brockhaus".

benutzte sie der Philologe Karl Müllenhoff an der Friedrich-Wilhelms-Universität, der „mit der Sammlung und Bearbeitung der ältesten Überreste der deutschen Poesie und Prosa beschäftigt" war.[76]

Archiv und Bibliothek des Domkapitels waren bis dato nicht in dem Zustand, den man für eine derart bedeutende Sammlung erwarten konnte. Ein Besucher aus Halle, Dr. Moritz Heyne, schrieb im Dezember 1863 an das Domkapitel: „Es war mir nur wenige Stunden in der Bibliothek zu weilen vergönnt. Der Eindruck, den die Ordnung der letzteren auf mich machte, war leider kein erfreuender. [...] Es ist nicht zu läugnen, die Bibliothek in ihrem jetzigen Zustande leistet der Wissenschaft entfernt nicht den Nutzen, den sie leisten könnte".[77] Heyne (der 1869 Professor in Basel und 1883 in Göttingen wurde, war seit 1867 Mitarbeiter am Grimmschen Wörterbuch) empfahl sich für die Katalogisierung der Bibliothek und brachte damit indirekt deren Ordnung voran. In der Folge beauftragte das Domkapitel nämlich den Domkämmerer Brenner mit der Ordnung des Archivs und der Bibliothek.[78] Die Handschriften der Domstiftsbibliothek waren zuletzt 1808 vom Rektor des Merseburger Domgymnasiums geordnet worden.[79] Damit entgingen Bibliothek und Archiv der Gefahr, durch das Provinzialarchiv in Magdeburg vereinnahmt zu werden, die wertvollen Schätze blieben Merseburg erhalten.

In der Folge wurde häufiger darauf bestanden, die Handschriften und Urkunden, vor allem die Handschrift mit den Merseburger Zaubersprüchen, direkt vor Ort zu nutzen, d. h. nicht mehr zu versenden.[80] Nach der großen Domrestaurierung in den 1880er Jahren wurden die Archivalien zudem vom Kapitelhaus in die Michaeliskapelle verbracht, wo sie in vier Schränken untergebracht wurden.[81]

Große Aufregung gab es 1895 um die Benutzung der Merseburger Zaubersprüche.[82] Aus Halle war Dr. Edmund Veckenstedt angereist. Dieser war dort nicht wohl gelitten, u. a. hatte die Universität seinen Antrag auf Zulassung zur Habilitation aus politischen Gründen abgelehnt. Veckenstedt wollte an der Merseburger Handschrift festgestellt haben, dass das Wort „Phol", das tatsächlich aus dem Schriftblock herausgerückt erscheint, auf Rasur steht. Er plante, dies mittels einer chemischen Untersuchung zu bestätigen. Edmund Veckenstedt scheint keine einfache Persönlichkeit gewesen zu sein, jedenfalls rief sein Ansinnen sofort Gegner auf den Plan, die Übles über ihn zu berichten wussten: Veckenstedt habe gefälschte litauische Sagen und Märchen herausgegeben und andere Gelehrte denunziert. Der Leipziger Germanist Eduard Sievers warnte vor Veckenstedts Vorhaben und bezeichnete die Zaubersprüche als das „vielleicht werthvollste Zeugniß für altdeutsche Mythologie", dem nicht mit Reagenzien zu Leibe gerückt werden dürfe. Tatsächlich hatte Veckenstedt die gesamte Handschrift unter Fälschungsverdacht gestellt. Die schweren Geschütze, die gegen ihn aufgefahren wurden, führten schließlich dazu, dass ihm das Domkapitel selbst fotografische Aufnahmen verwehrte. Veckenstedt antwortete scharf und meinte, „den Phol rettet kein Enthusiast oder Phantast mehr". Sollte ihm weiter die Möglichkeit fotografischer Aufnahmen verwehrt bleiben, wollte er sich an den preußischen König wenden. Mit dem Weggang Veckenstedts von Halle 1898 scheint sich die Angelegenheit erledigt zu haben. Der von ihm angesprochene Verdacht eines Wortes auf Rasur ist auch nie wieder ernsthaft in Erwägung gezogen worden bzw. war schon zu Veckenstedts Zeit nicht mehr in Betracht gekommen.

Indes überlegte der Merseburger Regierungspräsident Gustav von Diest 1897, „ob es sich zur bessern Conservirung der Zaubersprüche und der Taufformeln empfiehlt, daß das Heft auseinandergeschnitten, die beiden Hälften mit den aufgeschlagenen Schriften in einem Glasfenster verwahrt oder ob die fraglichen Schriftstücke aus dem Heft herauszuschneiden sind und in einem Glaskasten neben ei-

Michaeliskapelle mit Vitrinen für die Ausstellung wertvoller Stücke aus Domstiftsarchiv und -bibliothek, um 1935

nander gelegt und befestigt, aufbewahrt werden".[83] Tatsächlich sind die beiden Texte, der besseren Ausstellung halber, nebeneinander gebunden worden. Später ist diese Maßnahme allerdings wieder rückgängig gemacht worden. 1897 hatte Gustav von Diest zudem die Handschrift an Dr. Emil Theuner, den ehrenamtlichen Konservator der Kunstdenkmäler in der Provinz Sachsen, gesandt, damit dieser eine Kostenschätzung für eine Reproduktion vornehmen konnte.[84] Der Plan, die Zaubersprüche als Jahresgabe für die Mitglieder des Provinzialvereins zum Schutze und zur Erhaltung der Denkmäler herauszugeben, konnte indes erst 1901 umgesetzt werden. Als die Handschrift mit den Zaubersprüchen und dem Fränkischen Taufgelöbnis (dessen Reproduktion ebenfalls geplant war) zum Vergleich erneut nach Berlin versandt werden sollte, weigerte sich das Domkapitel und verwies auf die bereits erschienenen Reproduktionen.

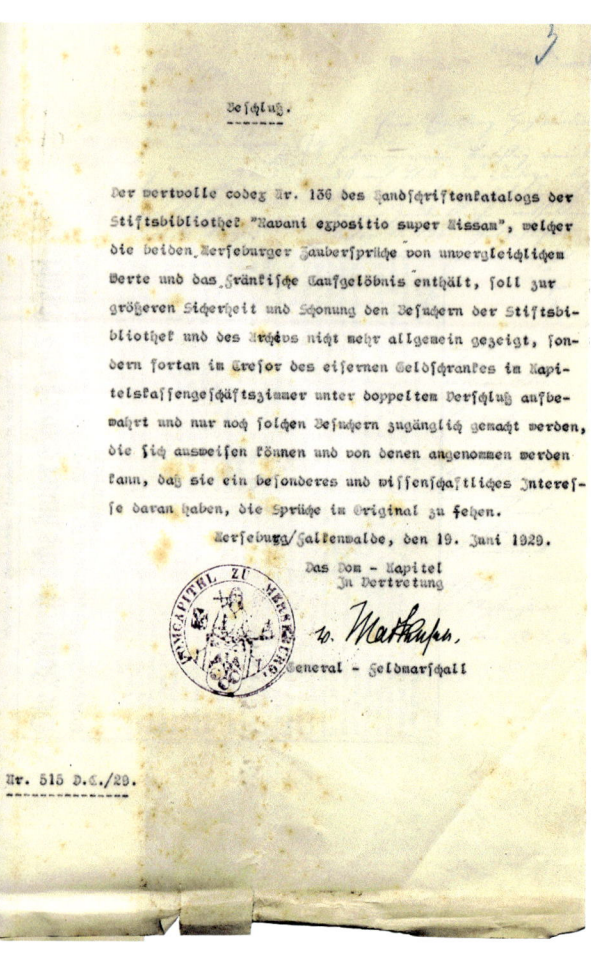

Beschluss des Merseburger Domkapitels vom 19. Juni 1929 über die künftige Verwahrung des Codex I,136 mit den Merseburger Zaubersprüchen (Merseburg, Domstiftsarchiv, Akte mit Sammlungen zum Archiv, älteren Katalogen und Schriftstücken, Beschluss des Merseburger Domkapitels Nr. 515/29)

Die Historische Kommission für die Provinz Sachsen wies 1904 und 1909 mehrfach darauf hin, dass die Zaubersprüche besser zu schützen seien, wobei man zumindest anfänglich auf Unverständnis stieß.[85] Im Antwortschreiben des Domkapitels hieß es, dass „die fragliche Handschrift bereits seit mehreren Jahren in einem verschlossenen Glaskasten in unserm Archiv aufbewahrt wird und dieser nur auf unsere besondere Anordnung zu öffnen ist". Ein Besucher aus Leipzig, der die Historische Kommission 1909 angeschrieben hatte, nahm offenbar Archiv und Bibliothek in den Blick, als er auf die unzulängliche Aufbewahrung hinwies und den Umstand, dass die Zaubersprüche „in Merseburg [...] dem Publikum jeglicher Art für Auge und Hand zugängig gemacht werden". Das Merseburger Domkapitel schärfte dem Prokurator Klingelstein daraufhin nochmals seine Pflichten bezüglich der Zaubersprüche ein, sprach ihm aber das Vertrauen aus, da es die Aufbewahrung „der Heilsprüche und Tauformeln [...] in einem verschlossenen Glaskasten" weiterhin für gut befand.

Die Kritik war offenbar nicht ganz unbegründet, denn nach wie vor gab es ein großes Interesse an den Zaubersprüchen, wobei kaum eine Besichtigungsanfrage abschlägig beschieden wurde.[86] So weilte am 1. September 1909 die Prima des Herzoglichen Friedericianums aus Dessau in Merseburg und durfte die Zaubersprüche besichtigen. Ebenso wurde dem Seminarkandidaten Werner Drenckhahn vom Merseburger Domgymnasium mit seiner Frau und weiteren Kandidaten 1912 die Besichtigung gestattet. Zudem stieg die Nachfrage nach Fotografien ungemein an. Das Interesse war dabei vielfältig: 1911 erbat sich der Direktor des Städtischen Schlachthofs Weißenfels, L. Vogt, eine Aufnahme zur Bebilderung eines Beitrags in einer tierärztlichen Fachzeitschrift. Vogt hob hervor: „Neben dem hervorragenden literarischen Wert hat dieser Zauberspruch für den tierärztlichen Stand noch einen besonderen, weil er wohl das älteste Denkmal der Heilung einer Beinverrenkung eines Pferdes darstellt".[87] Ganz ähnlich war die Anfrage des Veterinär-

Anfrage des F. A. Brockhaus Verlags nach einer Abbildung der Zaubersprüche für den „Großen Brockhaus", 1931 (Merseburg, Domstiftsarchiv, F, Rep. I/ IV, Lit. B, Nr. 4, Vol. VII, Anfrage vom 4. September 1931).

mediziners Prof. Dr. Max Müller aus München gelagert, der 1934 ebenfalls um eine Fotografie bat, die den Spruch mit der Heilung von Balders Fohlen zeigte.[88]

Nach dem Ersten Weltkrieg drohte der Verlust der wertvollen Handschrift. Als kulturelle Reparationszahlung sollte sie an die belgische Universität Löwen (Leuven) gegeben werden.[89] Diese hatte aufgrund der Niederbrennung der Stadt durch deutsche Truppen 1914 einen Totalverlust ihrer Bücher erlitten. Es kam allerdings nicht zur Abgabe des Codex I, 136, offenbar weil er als Stiftungsgut galt.

Am 19. Juni 1929 verfügte das Domkapitel, dass die Zaubersprüche nicht mehr allgemein in der Michaeliskapelle zugänglich sein sollten, sondern in einem Geldschrank zu verwahren seien. Nur Besuchern, die sich ausweisen konnten und ein berechtigtes wissenschaftliches Interesse angeben konnten, sollte die Handschrift gezeigt werden.[90]

Diese Verfügung zog jedoch, wie es der Stiftsprokurator Klingelstein formulierte, „im deutschen Blätterwalde große Aufregung" nach sich. Namentlich der Merseburger Korrespondent argumentierte am 10. August 1929 unter der Überschrift „Die Zaubersprüche hinter Schloß und Riegel" scharf gegen die Einschränkungen. Dabei trug der Autor dem Ansinnen Rechnung, dass einem Diebstahl der Zaubersprüche vorgebeugt werden müsse, der konservatorische Nutzen der Maßnahme spielte allerdings keine Rolle.

Vielmehr argumentierte man mit der Anziehungskraft der Zaubersprüche: „Wir Merseburger dürfen uns nicht verhehlen, daß die Zaubersprüche eine nicht geringe Anziehungskraft auf das reiselustige Publikum ausüben, womit eine gewisse Förderung unserer Wirtschaft verbunden ist. Es wäre zu bedauern, wenn der Beschluß des Domkapitels einen Rückgang unseres an sich nicht allzu bedeutenden Fremdenverkehrs zeitigen würde." Bereits zuvor heißt es: „Tragen die rauchenden Schornsteine des Leunawerkes den Namen Merseburgs in alle Teile der Industriewelt, so machen die Zaubersprüche unsere Stadt bei der gesamten Kulturwelt bekannt." Der massive öffentliche Druck führte dazu, dass die Verfügung dahingehend eingeschränkt wurde, dass die Handschrift mit den Zaubersprüchen nunmehr weiter in der Michaeliskapelle gezeigt wurde, allerdings abends stets durch den Kapitelsboten im Kassenlokal in einer eisernen Truhe zu verschließen war.

Die Besichtigungsersuchen rissen in den 30er Jahren somit nicht ab, gleichzeitig gab es zahlreiche Nachfragen nach Fotografien für Zeitschriften, Lesebücher aber auch Lexika.[91] 1931 fragte der Verlag F. A. Brockhaus an, ob die Zaubersprüche im Großen Brockhaus im Foto gezeigt werden dürften. Die Reproduktion übernahm der bekannte Merseburger Fotograf Maximilian Herrfurth senior.

Es war vor allem das gesteigerte Interesse an der vermeintlichen germanischen Vorzeit des Deutschen Reiches in der NS-Zeit, die nun bei vielen Anfragen eine Rolle spielte. Titel wie „Deutsches Erbgut des Mittelalters" und „Wer kennt Germanien?", die mit Fotos ausgestattet werden sollten, sprechen Bände über den geistigen und ideologischen Horizont, für den die Zaubersprüche vereinnahmt wurden.

Dr. Willy Krogmann fragte 1933 für das Deutsche Wörterbuch an, ob eine Aufnahme der Zaubersprüche erhältlich wäre. Noch im selben Jahr ließ Krogmann vom Prokurator des Merseburger Domkapitels eine Lesung des Wortes „birenkict" aus dem Althochdeutschen Lesebuch am Original überprüfen. Selbst F. H. Wilkens, Professor der deutschen Sprache in New York, nutzte 1933 einen Aufenthalt in Deutschland, um die Zaubersprüche in Augenschein zu nehmen. Inzwischen war 1930 die kleine Broschüre „Die Merseburger Zaubersprüche und die Merseburger Abschwörungsformel" von Georg Wedding erschienen, die mit den geringen Kosten von 90 Pfennig nicht wenig zur Bekanntheit der Zaubersprüche beitrug.[92] Ferner wurden mehrere Postkarten aufgelegt, von denen eine sogar die zeitweilige Bindung der Zaubersprüche neben dem Fränkischen Taufgelöbnis zeigt.

Das öffentliche Interesse zeigten auch die Ausstellungen, bei denen die Zaubersprüche zu sehen waren: 1936 auf der Ausstellung „Deutschland" zusammen mit dem Fränkischen Taufgelöbnis in Berlin (18. Juli – 23. August 1936), 1939 auf der Bibliophilentagung in Merseburg (das Original wurde von einem Beamten der Kriminalpolizei bewacht) und 1940 auf der Reichsausstellung Gutenberg auf der Leipziger Messe.[93] Dabei ist in aller Regel das 1939 angefertigte Faksimile gezeigt worden. Dieses war nach mehrfacher Kritik an der weiteren Ausstellung der Originale angefertigt worden.

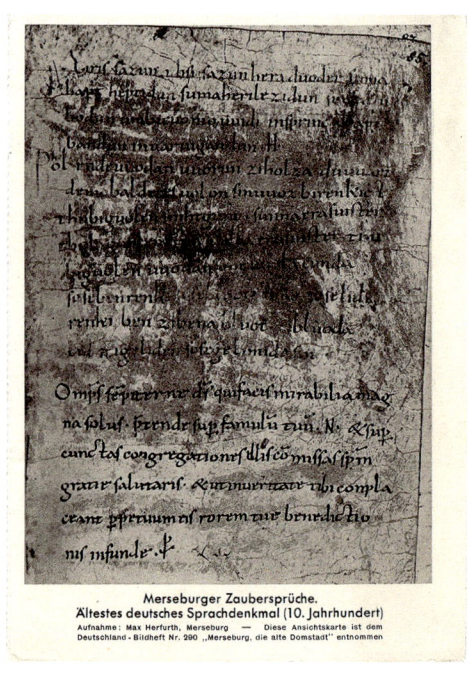

Postkarte mit Fotografie der Merseburger Zaubersprüche aus dem Deutschland-Bildheft „Merseburg, die alte Domstadt", 1938

Postkarte mit dem alten Zustand des Codex I,136: Das Fränkische Taufgelöbnis ist neben den Merseburger Zaubersprüchen eingebunden, 1930er Jahre

1937 hatte sich der Landeskirchenarchivar Dr. Lerche beklagt, „daß die wertvollsten Handschriften aufgeschlagen ohne jeden Lichtschutz dalagen […] sowohl die Merseburger Zaubersprüche wie auch die leuchtenden Miniaturen der Vulgata waren schutzlos dem Tageslicht preisgegeben, während die Decken unbenutzt danebenhingen."[94] Hintergrund der scharfen Kritik war indes, dass es Planungen für die Schaffung einer zentralen Kirchenbibliothek in Halle (Saale) gab, die auch die Bestände der Domstifter aufnehmen sollte. Obwohl dieser Plan nicht umgesetzt wurde, so ging man nun doch vorsichtiger mit den Zaubersprüchen um. Künftig sollten nur noch Fotos der wertvollen Stücke aus Domstiftsarchiv und -bibliothek ausgestellt werden.

Mit den deutschen Kriegsvorbereitungen gab es bereits im Juni 1939 Bemühungen, wertvolle Kulturgüter wirksamer zu schützen. Für die Zaubersprüche wurde die Anweisung getroffen, diese „im Ernstfalle vordringlich und schleunigst" durch dem Prokurator sichern zu lassen. Auf Vorschlag des Konservators der Denkmale der Provinz Sachsen, Hermann Giesau, war 1939 die Anfertigung eines Faksimiles erfolgt. Der Hallenser Graphiker Paul Richard Wiemer fertigte, um die Belastung durch die Besucher zu minimieren, Faksimiles der Zaubersprüche und des Taufgelöbnisses an.[95] Vom 21. Juni bis 5. Oktober 1939 durfte Wiemer die Handschrift in Anwesenheit des Prokurators nutzen, um die Faksimiles anzuferti-

Zauberspruchgewölbe in der Südklausur des Merseburger Domes, 2010

gen. Diese bestechen durch ihre präzise Nachbildung und bilden optisch einen vollwertigen Ersatz für die Originale. Bis heute werden die beiden Nachbildungen für öffentliche Präsentationen und Ausstellungen genutzt. Die Finanzierung des Faksimiles hatten seinerzeit der Reichsminister für kirchliche Angelegenheiten sowie der Heimatbund der Provinz Sachsen und des Landes Anhalt (in Person Siegfried Bergers) übernommen, da das Domkapitel mitteilte, nicht zu den Kosten beitragen zu können.[96] Zeitgleich erschien eine auf 200 Stück limitierte Prachtausgabe mit Erläuterungen und Fotografien der Merseburger Zaubersprüche.[97] Verfasst und initiiert hatte diese Siegfried Berger als Landeshauptmann der Provinz Sachsen.

Mit dem Näherrücken der Kriegshandlungen wurden die Zaubersprüche am 20. Mai 1942 in Gegenwart des Regierungs- und Kassenwarts, des Landrentmeisters, des Kassierers und des Oberbuchhalters „in einem Panzerschrank des Tresors der Regierungshauptkasse für die Dauer des Krieges niedergelegt."[98] Zuvor lagerten die Zaubersprüche in einer Blechkassette, die der Prokurator Klingelstein bei Luftalarm mit in den Luftschutzkeller unter dem Haus Domstraße 12 nahm. Die nunmehrige Unterbringung in sicheren Räumen des Schlosses betraf auch den Großteil der übrigen Handschriften, Drucke und Archivalien aus Domstiftsarchiv und -bibliothek. Während des Krieges wurden alle Besichtigungsanliegen abschlägig beschieden.

Nach dem Ende des Zweiten Weltkriegs drohte dem Codex I, 136 der Domstiftsbibliothek offenbar das Schicksal, Kriegsbeute zu werden. Über Karl Gutbier, Lehrer und Kantor in Merseburg, der zu dieser Zeit

Domstiftsarchiv und -bibliothek betreute, heißt es in einer Rede zu seiner Goldenen Hochzeit 1959: „Merseburgs Zaubersprüche hütete er als sein Kleinod. Heimlich verborgen rettete er sie vorm Zugriff des Ostens". Leider ist über die näheren Umstände nichts bekannt.

Durch den schleichenden Verfall des Kapitelhauses und der Michaeliskapelle hatten die Merseburger Zaubersprüche indes ihren Aufbewahrungsort verloren. Schon seit 1945 lagerten sie in der Domstraße 12, der ehemaligen Prokuratur,[99] wurden dann aber zur sicheren Verwahrung nach Naumburg gebracht. Diese Überführung bedeutete zwar eine sichere Unterbringung, stellte aber einen schmerzlichen und häufig beklagten Verlust für Merseburg dar.

1957 war das Faksimile der Merseburger Zaubersprüche Bestandteil der Ausstellung „Seltene Dokumente zur Geschichte der Stadt Merseburg", die im Deutschen Zentralarchiv, Abteilung Merseburg, stattfand.[100] Bemerkenswert war das 1958 vorgetragene Ansinnen eines Warschauer Verlags zur Abbildung der Zaubersprüche in einer in polnischer Sprache erscheinenden Deutschen Literaturgeschichte. Mit Blick auf den Zweiten Weltkrieg wurde in der Anfrage formuliert: „Um ein Volk kennen zu lernen und zu ehren, bedingt es für seine Geschichte und seine kulturellen Errungenschaften das Interesse eines Menschen oder eines Volkes zu erwecken. Dass das Leidschaffende überwunden werde, dazu kann uns die Dichtung helfen."[101] Die Veröffentlichung der Literaturgeschichte war für 1960 vorgesehen.

Nach dem Antritt Hans-Gottfried Müllers als Merseburger Domstiftsarchivar und -biblio-

Abschrift aus dem Zweiten Merseburger Zauberspruch auf der Station Orthopädie und Unfallchirurgie des Merseburger Carl-von-Basedow-Klinikums

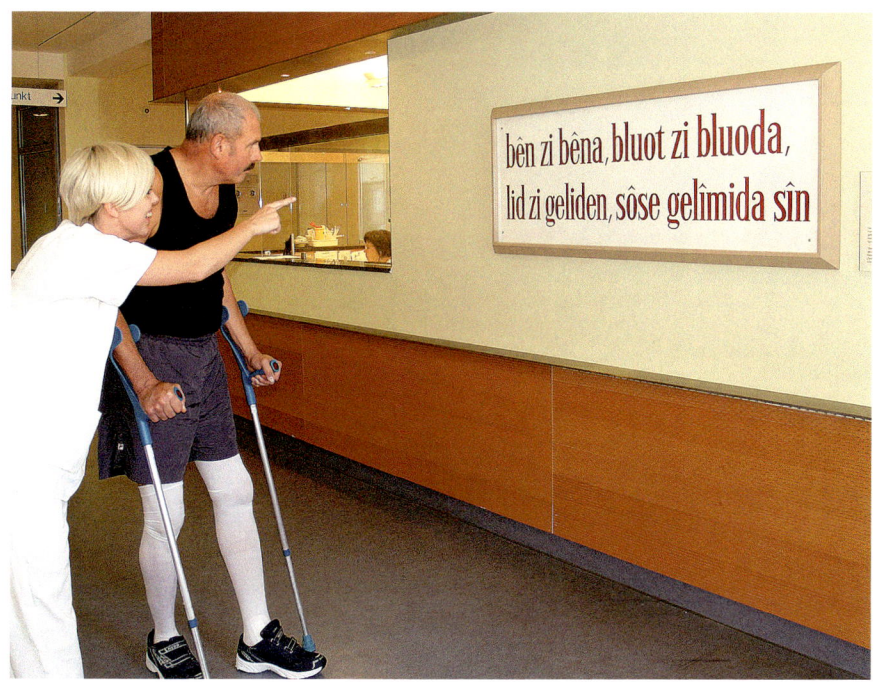

thekar 1958 bemühte sich dieser intensiv um eine Restaurierung der wertvollen Handschrift.[102] Er wies gegenüber dem Domkapitel auf den schlechten Zustand des Codex mit den Zaubersprüchen hin und zog eine Restaurierung durch den Geraer Restaurator Hans Heiland in Erwägung. Im Juli 1962 legte er das Vorhaben sogar der Restaurierungswerkstatt der Österreichischen Nationalbibliothek in Wien vor.[103] Eine Restaurierung erfolgte jedoch nicht, da über das Ausmaß der seit der Entdeckung 1841 eingetretenen Schäden sowie die Restaurierungsmöglichkeiten kein Konsens mit dem Domkapitel hergestellt werden konnte.

Seit 1960 wurden die Faksimiles der Zaubersprüche und des Taufgelöbnisses wieder dauerhaft im Dom ausgestellt. Hans-Gottfried Müller hatte in der Gewandkapelle eine eigene Ausstellung bedeutender Stücke aus Archiv und Bibliothek konzipiert, darunter auch der Brief Jacob Grimms zur Entdeckung der Merseburger Zaubersprüche. Dieser sowie weitere Briefe sind eigens in eine Kladde eingebunden worden. Dies lässt erkennen, welche Wirkung die bedeutenden althochdeutschen Texte bereits entfaltet hatten. Nunmehr wurden auch die Zeugnisse ihrer Entdeckung besonders verwahrt.

Im Jahre 1962 hatte der Christophorus-Verlag in Freiburg (Breisgau) eine Schallplatte mit „Frühen Zeugnissen deutscher Dichtung" für den Unterricht herausgegeben.[104] Unter den aufgenommenen Stücken befand sich auch der Zweite Merseburger Zauberspruch. Die Verwendung der Merseburger Zaubersprüche im Unterricht könnte ein eigenes Kapitel der Rezeptionsgeschichte bilden. Heutzutage gehören die Zaubersprüche zum klassischen Bildungsgut, werden in der Schule aber vor allem im Zusammenhang der Sprachgeschichte vermittelt. In den 1990er Jahren waren es der Schriftsteller Jürgen Jankofsky und der ehrenamtliche Denkmalpfleger Walter Saal, die sich vehement für eine Rückkehr der Zaubersprüche nach Merseburg einsetzten. Ersterer wies in seiner Reihe der „Entzauberungen" in der Mitteldeutschen Zeitung auf diesen Missstand hin.

Erst im Jahr 2004 waren die Merseburger Zaubersprüche wieder im Original in Merseburg zu sehen. In der Jubiläumsausstellung „Zwischen Kathedrale und Welt. 1000 Jahre Domkapitel Merseburg" bildeten sie in einer spannenden Inszenierung mit einer Hörstation den wichtigsten Teil der Handschriftenpräsentation.[105]
Mit der Einrichtung des Kapitelhauses als Domstiftsarchiv und -bibliothek kehrten die Zaubersprüche 2006 dauerhaft nach Merseburg zurück. Mit einer Hörstation sowie der Ausstellung des Faksimiles der Zaubersprüche konnten für die Neupräsentation die ersten Weichen gestellt werden.
2008 wurde in den neuen Ausstellungsräumen in der Südklausur des Merseburger Domes das „Zauberspruchgewölbe" eröffnet. Ein hochwertiges Faksimile führt die gesamte Handschrift vor Augen. Über den germanistischen und religiösen Hintergrund der Zaubersprüche sowie Forschung und Rezeption kann man sich anhand von Auszugsvitrinen, seit der Neugestaltung 2021 an aufwändig gestalteten Bildschirmen, informieren. Eine Hörstation bietet ebenfalls Informationen sowie eingesprochene Aufnahmen der Zaubersprüche. Kurzzeitig waren die Zaubersprüche 2009 bei der Ausstellung „Macht des Wortes. Benediktinisches Mönchtum im Spiegel Europas" in der Benediktinerabtei St. Paul im Lavanttal/Österreich zu sehen.[106] Zum 1000. Jubiläum der Domweihe wurden die Zaubersprüche vom 1. bis 31.

Werbung für Merseburg als Stadt der Zaubersprüche neben der Ruine der mittelalterlichen Sixtikirche

Oktober 2021 in Merseburg erstmals wieder im Original gezeigt. Parallel dazu veranstalteten Merseburger Initiativen Schreib- und Rezitationswettbewerbe zu den Zaubersprüchen.

Stets wird aufs Neue erwogen, inwieweit die Merseburger Zaubersprüche für die Stadt stehen und werbewirksame Ausstrahlungskraft besitzen. Seit 2009 wird alljährlich das „Merseburger Zauberfest" veranstaltet, bei dem Zauberei und Magie an verschiedenen Orten in der Stadt im Mittelpunkt stehen. Dass das Interesse an den Zaubersprüchen ungebrochen ist, zeigen die Anfragen von Touristen und Merseburgern, die sich für die althochdeutschen Texte interessieren.

Auf Antrag der Vereinigten Domstifter hat das deutsche Nominierungskomitee am 28. September 2021 die Merseburger Zaubersprüche auf die Liste der perspektivisch für die Aufnahme in das Weltdokumentenerbe einzureichenden Anträge gesetzt.

Präsentation der Merseburger Zaubersprüche in der Marienkapelle im Oktober 2021

Anhang

Einige ausgewählte Übersetzungen der Merseburger Zaubersprüche

Der Originaltext der Merseburger Zaubersprüche wird hier zunächst in einer zeilen- und zeichengetreuen Abschrift wiedergegeben, auf der die normalisierte Textfassung beruht. Diese bildet die Grundlage für eine Übersetzung. Über bestimmte Probleme der Merseburger Zaubersprüche herrscht in der germanistischen Forschung keine Einigkeit. Deshalb zählen die Merseburger Zaubersprüche auch zu den „umstrittensten Stücken der ahd. Literatur".[107] Dies spiegelt sich in der Verschiedenheit der repräsentativ ausgewählten neuhochdeutschen Übersetzungen wider, die allenfalls als Annäherung und Verständnishilfe für den althochdeutschen Originaltext verstanden werden sollen. Jacob Grimm hatte die Merseburger Zaubersprüche noch ins Lateinische übersetzt. Grimms lateinische Übersetzung wurde vom Rezensenten A. S. in der Allgemeinen Litteratur-Zeitung 1842 ins Deutsche übertragen. Die erste selbstständige neuhochdeutsche Übersetzung stammt von Wilhelm Wackernagel aus dem Jahr 1842.

Der Erste Merseburger Zauberspruch

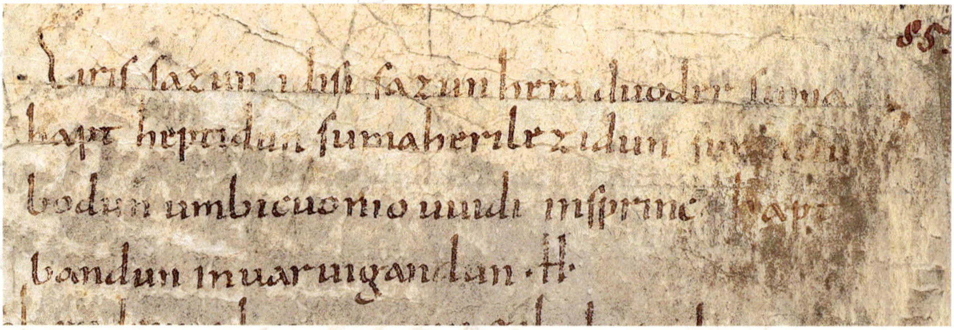

Zeilengetreue Abschrift

Eiris sazun idisi sazun hera duoder suma
hapt heptidun sumaherilezidun suma clu
bodun umbicuonio uuidi insprinc hapt
bandun inuar uigandun ·H·

Normalisierte Fassung

Eiris sazun idisi, sazun heraduoder.
Suma hapt heptidun, suma heri lezidun,
suma clubodun umbi cuonio uuidi.
Insprinc haptbandun, inuar uigandun! ·H·

Olim sedebant nymphae, sedebant huc atque illuc, aliae vincula vinciebant, aliae exercitum morabantur, aliae colligebant serta, insultum diis complicibus, introitum heroibus.

Jacob Grimm, 1842

Einst sassen Nymphen, setzten sich hier und dort, Einige hefteten Haft, einige das Heer aufhielten, Einige klaubten (pflückten) nach Kränzen. Einsprung den Engverbundenen (den himmlischen Mächten), Einfahrt den Kriegern.

A.S., 1842

Vormals saßen Weiber, saßen her (und) hin: die einen Feßeln feßelten, die andern das Heer aufhielten, die andern pflückten nach Kniestricken. Entspringe den Feßelbanden, entgehe den Feinden!

Wilhelm Wackernagel, 1842

Einst saßen Idise, saßen hierhin und dorthin. Einige hefteten einen Haft, einige hemmten die Heere, einige klaubten rings um die Fesseln: entspring den Haftbanden, entfahr den Feinden.

Gustav Ehrismann, 1932

Einst setzten sich Idisen, setzten sich hehre Mütter, einige hefteten Haft, einige hemmten das Heer, einige klaubten an den Kniefesseln: Entspringe den Haftbanden, entfliehe den Feinden!

Heinz Mettke, 1982

Einstmals setzten sich Frauen, setzten sich hierhin und dorthin. Einige hefteten Hafte, andere hemmten das Heer, andere nestelten an festen Fesseln: Entspring den Banden, entweich den Feinden!

Walter Haug/Benedikt Konrad Vollmann, 1991

Einst saßen Idisen, saßen hier und dort. Einige hefteten Haftbande, einige hemmten das Heer, einige knüpften die Fesseln auf: Spring aus den Haftbanden, entfahre den Feinden!

Wolfgang Haubrichs, 1995

Einst saßen Idisi, saßen auf den Kriegerscharen. Einige fesselten einen Gefangenen, einige hemmten die Heere. Einige zertrennten ringsherum die scharfen Fesseln. Entspringe den Fesseln, entfahre den Feinden!

Wolfgang Beck, 2003

Einst saßen die Idisen, sie saßen hier und dort. Einige hefteten, einige hemmten das Heer, einige klaubten an den Fesseln. Entspringe den Fesseln, entweiche den Feinden. H.

Stephan Müller, 2007

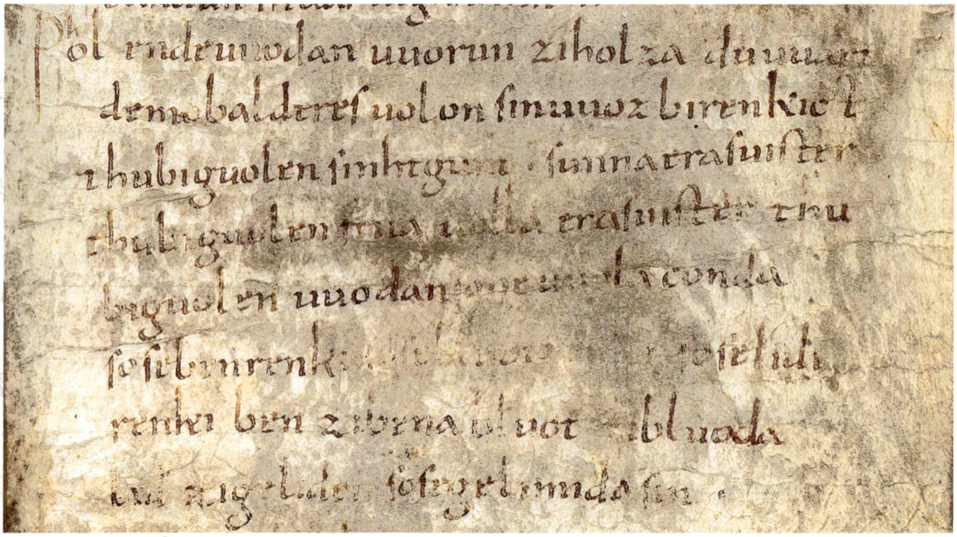

Der Zweite Merseburger Zauberspruch

Zeilengetreue Abschrift

Phol ende uuodan uuorun ziholza du uuart
demobalderef uolon sinuuoz birenkict
thubiguolen sinhtgunt · sunna erasuifter
thubiguolen frua uolla erasuifter thu
biguolen uuodan sohe uuola conda
sosebenrenki sosebluotrenki sosolidi
renki ben zibena bluot zibluoda
lid zigeliden sosegelimida sin ·

Normalisierte Fassung

Phol ende Uuodan uuorun zi holza. Du uuart
demo Balderes uolon sin uuoz birenkict.
Thu biguol en Sinhtgunt, Sunna era suister,
thu biguol en Friia, Uolla era suister,
thu biguol en Uuodan, so he uuola conda:
Sose benrenki, sose bluotrenki, sose lidirenki:
Ben zi bena, bluot zi bluoda,
lid zi geliden, sose gelimida sin!

Phol et Wodan profecti sunt in silvam, tunc Balderi equuleo pes contortus est; tum incantavit eum Frua, Follaque ejus soror, tum incantavit eum Sinthgunt, Sunnaque ejus soror, tum incantavit eum Wodan, sicuti bene novit, tam ossis torturam, quam sanguinis torturam, membrique torturam, os ad os, sanguinem ad sanguinem, membrum ad membra, acsi glutinata essent.

Jacob Grimm, 1842

Phol und Wodan fuhren zu Holze, Da ward dem Füllen Balders sein Fuss verrenkt; Da besprach ihn (mit Zauberspruch) Sinthgunt, (und) Sunna, ihre Schwester, Da besprach ihn Wodan, so gut ers wusste, So (ob der) Beinverrenkung, als (ob der) Blutverrenkung, als (ob der) Gliedverrenkung; Bein zu Beine, Blut zu Blute, Glied zu Gliedern, als ob sie geleimet seyen.

A.S., 1842

Vol und Wodan begaben sich zu Walde: da ward dem Balders Fohlen sein Fuß verrenkt: da besprach ihn Sinthgunt (und) Sunna, ihre Schwester; da besprach ihn Frija (und) Volla, ihre Schwester; da besprach ihn Wodan, wie er wohl verstand, so die Beinverrenkung, wie die Blutverrenkung, wie die Gliederverrenkung, Bein zu Beine, Blut zu Blute, Glied zu Gliedern, als ob sie geleimt seyen.

Wilhelm Wackernagel, 1842

Phol (d. i. Balder) und Wuodan ritten in den Wald, da ward dem Rosse Balders sein Fuß verrenkt. Da besprach ihn (den Fuß) Sinthgunt [und] Sunna ihre Schwester; da besprach ihn Frîia [und] Volla ihre Schwester; da besprach ihn Wuodan so gut er es verstand (=der es aufs beste verstand): sei es Beinverrenkung, sei es Blutverrenkung, sei es Gliederverrenkung: Bein zu Bein, Blut zu Blut, Glied zu Gliedern, als ob sie geleimt wären.

Gustav Ehrismann, 1932

Phol und Wodan ritten in den Wald, da ward dem Fohlen Balders sein Fuß verrenkt. Da besprach ihn Sinthgunt [und] Sunna, ihre Schwester, da besprach ihn Frija [und] Volla ihre Schwester, da besprach ihn Wodan, wie [nur] er es richtig verstand: Wie die Beinrenke, so die Blutrenke, so die Gliedrenke: Bein zu Beine, Blut zu Blute, Glied zu Gliedern, als ob sie aneinandergefügt seien.

Heinz Mettke, 1982

Phol und Wuodan ritten in den Wald. Da hat sich das Balder-Fohlen den Fuß verrenkt. Da besprach ihn Sinthgunt und Sunna, ihre Schwester, da besprach ihn Frija, und Volla, ihre Schwester, da besprach ihn Wuodan, der es wohl verstand: Wie Knochenverrenkung, so Blutverrenkung, so Gliederverrenkung: Knochen zu Knochen, Blut zu Blut, Glied zu Gliedern, wie geleimt sollen sie sein!

Walter Haug/Benedikt Konrad Vollmann, 1991

Vol und Wodan ritten in den Wald. Da ward dem jungen Pferde Balders der Fuß verrenkt. Da besang ihn erst Sinthgunt, dann Sunna, ihre Schwester; da besang ihn erst Freyja, dann Volla, ihre Schwester; da besang ihn Wodan, so wie er es gut konnte: Sei es Beinrenkung, sei es Blutrenkung, sei es Gliedrenkung; Bein zu Bein, Blut zu Blut, Glied zu Glied, so daß sie fest verbunden sind!

Wolfgang Haubrichs, 1995

Phol und Wodan begaben sich in den Wald. Da wurde dem Fohlen Balders der Fuß eingerenkt. Da besangen ihn [das Fohlen] Sinhtgunt und Sunna, ihre Schwester. Da besangen ihn Friia und Volla, ihre Schwester. Da besang ihn Wodan, so wie er es gut verstand: Wenn Knochenrenkung, wenn Blutrenkung, wenn Gelenkrenkung: Knochen zu Knochen, Blut zu Blut, Glied zu Glied! So seien sie zusammengefügt!

Wolfgang Beck, 2003

Phol und Wodan fuhren in den Wald. Da wurde dem Fohlen des Balder sein Fuß verrenkt. Da beschwor ihn Sinthgunt und Sunna, ihre Schwester, da beschwor ihn Freia und Volla, ihre Schwester, da beschwor ihn Wodan, so gut er konnte: Wie Knochenverrenkung, so Blutverrenkung, so Gliederverrenkung; Knochen zu Knochen, Blut zu Blut, Glied zu Glied, auf dass sie zusammengefügt seien.

Stephan Müller, 2007

Anmerkungen

1. Grundlage dieser Einführung bildet: BECK, Merseburger Zaubersprüche (2008).
2. Georg Waitz äußerte sich in seiner „Autobiographie" folgendermaßen über die Entdeckung der Merseburger Zaubersprüche: „Im Herbste 1841 aber wurden Sachsen und Thüringen bereist, zunächst um einer etwa noch vorhandenen älteren Handschrift des Lambert von Hersfeld nachzuspüren […]. In der Dombibliothek zu Merseburg ergab ein alter Codex den wichtigen Fund der beiden Gedichte des deutschen Heidenthums, die ich J. Grimm überbringen und zur Bekanntmachung und Erläuterung einhändigen durfte." WAITZ, Deutsche Kaiser, S. XIV. Vgl. auch WAITZ, Reise nach Thüringen und Sachsen, S. 260–283, besonders S. 283.
3. Die offensichtlich falsche Angabe der Jahreszahl stammt von Georg Waitz.
4. WAITZ, Zum Gedächtnis an Jacob Grimm, S. 11.
5. GRIMM, Über zwei entdeckte gedichte aus der zeit des deutschen heidenthums, S. 1–29.
6. EBD., S. 1.
7. GRIMM, Zu den Merseburger Gedichten, S. 188–190.
8. GRIMM, Schon mehr über Phol, S. 252–257; DERS., Phol äthiopischer König, S. 69–72.
9. GRIMM, Deutsche Mythologie, 2. Auflage.
10. BECK, Merseburger Zaubersprüche (2003); EICHNER/NEDOMA, Merseburger Zaubersprüche.
11. BECK, Merseburger Zaubersprüche (2003), S. XVI.
12. EICHNER/NEDOMA, Merseburger Zaubersprüche.
13. VOGT, Zum Problem der Merseburger Zaubersprüche, S. 123.
14. BERGER, Merseburger Zaubersprüche, S. 11.
15. RODY, Merseburger Zaubersprüche, S. 12.
16. MULOT, Altdeutsche Zaubersprüche, S. 14.
17. BRUNNER, Geschichte der deutschen Literatur, S. 53.
18. SCHWAB 1995, S. 275-279.
19. TAX 2013, S. 441.
20. RIESEL, Der erste Merseburger Zauberspruch, S. 69.
21. Ebd.
22. MURDOCH/NOUSOU, Approaches to the Old High German medical charms, S. 148.
23. STEINMEYER, Die kleineren althochdeutschen Sprachdenkmäler, S. 380 f.
24. Ebd.
25. SCHWIETERING, Der erste Merseburger Spruch, S. 155; DÜWEL, Über das Nachleben, S. 551. Vgl. auch: DÜWEL, Der erste Merseburger Zauberspruch – ein Mittel zur Geburtshilfe. Sprüche für eine glückliche Geburt sind im Mittelalter äußerst selten überliefert, neben kirchlichen Benediktionen sind einige Belege aus dem 13. Jahrhundert bekannt. Vgl. SCHULZ, Beschwörungen, S. 163f.
26. Text und Übersetzung bei THIETMARI Merseburgensis episcopi chronicon, S. 24f.: *Legimus, ut unius captivi vincula, quem uxor sua putans mortuum assiduis procuravit exequiis, tocies solverentur, quocies pro eo acceptabiles Deo patri hostiae ab ea offerentur, ut ipse ei post retulit, cum domum suam liber revisit.*
27. Text und Übersetzung bei SPITZBART, Beda, Kirchengeschichte, S. 384f.: *Quarum celebratione factum est, quod dixi, ut nullus eum posset uincire, quin continuo solueretur. Interea comes, qui eum tenebat, mirari et interrogare coepit, quare ligari non posset, an forte litteras solutorias, de qualibus fabulae ferunt, apud se haberet, propter quas ligari non posset.*
28. Text bei THORPE, Aelfric, S. 358: *þa axode se ealdorman þone hæftling, hwæðer he ðurh drycræft oððe ðurh runstafum his bendas tobræce.*
29. Vgl. BECK, Merseburger Zaubersprüche (2003), S. 29; EICHNER/NEDOMA, Merseburger Zaubersprüche, S. 30.
30. Vgl. BECK, Merseburger Zaubersprüche (2003), S. 126–128; EICHNER/NEDOMA, Merseburger Zaubersprüche, S. 104.
31. Vgl. BECK, birenkict.
32. Vgl. WAGNER 2012.
33. Vgl. BECK, Merseburger Zaubersprüche (2003), S. 342f.
34. HAUCK, Goldbrakteaten, S. 298.
35. SCHIER, Gab es eine eigenständige Balder-Tradition, S. 126–129.
36. HAUCK, Stammesbildung, S. 54.

37 Ebd.
38 HAUBRICHS, Anfänge, S. 434; HEIZMANN, Bildchiffren, S. 327.
39 „Interpretation of effigies and inscriptions on bracteates is subject to controversy." REICHERT, Nordic language history, S. 393. Ebenfalls kritisch: SEEBOLD, Römische Münzbilder.
40 Vgl. BECK, Merseburger Zaubersprüche (2003), S. 265–275.
41 SCHULZ, Magie, S. 312.
42 STEINMEYER, Sprachdenkmäler, S. 367.
43 Ebd., S. 394.
44 Ebd., S. 377.
45 Dieses Motiv lässt sich evtl. auf eine apokryphe Kindheitserzählung Jesu zurückführen; vgl. SCHULZ, Beschwörungen, S. 96.
46 Text und Übersetzung nach: HAUG/VOLLMANN, Frühe deutsche Literatur, S. 18–21.
47 WINTERER, Fuldaer Sakramentar, S. 256.
48 HENKEL, Gebetsbruchstück, S. 385.
49 Text und Übersetzung in: MARCELLUS, Über Heilmittel, S. 624 f.
50 BISCHOFF, Paläographische Fragen, S. 111.
51 GEUENICH, Personennamen, S. 162.
52 BECK, Merseburger Zaubersprüche (2003), S. 248 f.
53 Text und Übersetzung nach: HAUG/VOLLMANN, Frühe deutsche Literatur, S. 18 f.
54 Text und Übersetzung nach: MÜLLER, Althochdeutsche Literatur, S. 274f.
55 Text und Übersetzung nach: Ebd., S. 272 f.
56 Text und Übersetzung nach: HAUG/VOLLMANN, Frühe deutsche Literatur, S. 158 f.
57 Text und Übersetzung nach: MÜLLER, Althochdeutsche Literatur, S. 272 f.
58 Text und Übersetzung nach: HAUG/VOLLMANN, Frühe deutsche Literatur, S. 156 f.
59 Text und Übersetzung nach: MÜLLER, Althochdeutsche Literatur, S. 272 f.
60 Reclams großes Buch der deutschen Gedichte.
61 ROTH, Der Merseburger Zauberspruch.
62 MANN, Doktor Faustus, S. 50.
63 GERNHARDT, Gesammelte Gedichte, S. 12.
64 GERNHARDT, Gesammelte Gedichte, S. 768 f.
65 RÜHMKORF, Gedichte. Werke 1, S. 220 f.
66 ECO, Der Name der Rose, S. 545.
67 KEMPOWSKI, Hundstage, S. 274.
68 LODEMANN, Siegfried und Kriemhild, S. 41, 62 f.
69 TELLKAMP, Der Turm, S. 27.
70 WEDDING, Merseburger Zaubersprüche.
71 BERGER, Merseburger Zaubersprüche.
72 Sonnentanz. Ein Walter-Bauer-Lesebuch, S. 68.
73 JANKOFSKY, Rabenzauber.
74 Domstiftsarchiv Merseburg, F, Rep. I/ IV, Lit. B, Nr. 4, Vol. I, Bl. 228r, 233r, 236r.
75 Vgl. Selzer, Zwischen Rom und Merseburg.
76 Domstiftsarchiv Merseburg, F, Rep. I/ IV, Lit. B, Nr. 4, Vol. II, Bl. 62r–v. Erschienen als: MÜLLENHOFF/SCHERER, Denkmäler.
77 Domstiftsarchiv Merseburg, F, Rep. I/ IV, Lit. B, Nr. 4, Vol. II, Bl. 66r–67r.
78 Domstiftsarchiv Merseburg, F, Rep. I/ IV, Lit. B, Nr. 4, Vol. II, Bl. 71r–73v, 154r–158v.
79 Domstiftsarchiv Merseburg, F, Rep. I/ IV, Lit. B, Nr. 4, Vol. II, Bl. 173r–v.
80 Domstiftsarchiv Merseburg, F, Rep. I/ IV, Lit. B, Nr. 4, Vol. III, Bl. 30r, 31r.
81 Domstiftsarchiv Merseburg, F, Rep. I/ IV, Lit. B, Nr. 4, Vol. III, Bl. 46r.
82 Domstiftsarchiv Merseburg, F, Rep. I/ IV, Lit. B, Nr. 4, Vol. III, Bl. 142r–148v, 159r–165r.
83 Domstiftsarchiv Merseburg, F, Rep. I/ IV, Lit. B, Nr. 4, Vol. III, Bl. 195r–v.
84 Domstiftsarchiv Merseburg, F, Rep. I/ IV, Lit. B, Nr. 4, Vol. III, Bl. 192r–197v, 233r–v; ebd., Vol. IV, Bl. 13r–14r, 20r–v, 32r.
85 Domstiftsarchiv Merseburg, F, Rep. I/ IV, Lit. B, Nr. 4, Vol. IV, Bl. 32r, 71r–v, 144r–145r.
86 Domstiftsarchiv Merseburg, F, Rep. I/ IV, Lit. B, Nr. 4, Vol. IV, Bl. 163r, 285r.
87 Domstiftsarchiv Merseburg, F, Rep. I/ IV, Lit. B, Nr. 4, Vol. IV, Bl. 251r.
88 Domstiftsarchiv Merseburg, F, Rep. I/ IV, Lit. B, Nr. 4, Vol. VIII, Max Müller an Merseburger Domkapitel, 02.01.1934.
89 Vgl. Artikel 247 des Vertrags von Versailles vom 28. Juni 1919.
90 Domstiftsarchiv Merseburg, Akte mit Sammlungen zum Archiv, älteren Katalogen und Schriftstücken, Beschluss des Merseburger Domkapitels Nr. 515/29 vom 19. Juni 1929.
91 Domstiftsarchiv Merseburg, F, Rep. I/ IV, Lit. B, Nr. 4, Vol. VII. und VIII.
92 Georg Wedding, Merseburger Zaubersprüche und die Merseburger Abschwörungsformel, Merseburg 1930.

93 Domstiftsarchiv Merseburg, Domstifter-Verwaltung, betrifft Bibliotheken und Archive der Domstifter, Band 1:1936-Nov. 1939.

94 Domstiftsarchiv Merseburg, Domstifter-Verwaltung, betrifft Bibliotheken und Archive der Domstifter, Band 1:1936–Nov. 1939, Bericht über die Besichtigung der Domstiftsbibliothek am 4. Oktober 1937.

95 Domstiftsarchiv Merseburg, Domstifter-Verwaltung, betrifft Bibliotheken und Archive der Domstifter, Band 2: Nov. 1939–1947.

96 Domstiftsarchiv Merseburg, Domstifter-Verwaltung, betrifft Bibliotheken und Archive der Domstifter, Band 1:1936–Nov. 1939.

97 Siegfried Berger, Merseburger Zaubersprüche, hg. vom Landeshauptmann der Provinz Sachsen, Halle (Saale) 1939.

98 Domstiftsarchiv Merseburg, Domstifter-Verwaltung, betrifft Bibliotheken und Archive der Domstifter, Band 2: Nov. 1939–1947.

99 Domstiftsarchiv Merseburg, Domstifter-Verwaltung, betrifft Bibliotheken und Archive der Domstifter, Band 2: Nov. 1939–1947, Mitteilung Klingelstein an Bezirks-Präsidenten vom 23.11.1945.

100 Domstiftsarchiv Merseburg, Auskünfte und Benutzungen in Domstiftsbibliothek und -archiv Merseburg, 1948–58.

101 Ebd.

102 Domstiftsarchiv Merseburg, Bibliotheken und Archive der Domstifter, Band 3, 1947–1964.

103 Domstiftsarchiv Merseburg, Auskünfte und Benutzungen in Domstiftsbibliothek und -archiv Merseburg, 1960–62.

104 Frühe Zeugnisse.

105 Zwischen Kathedrale und Welt, S. 328–330, Kat.-Nr. IX.7 (Wolfgang Beck).

106 Macht des Wortes, S. 246, Kat.-Nr. 16.1 (Holger Kunde).

107 STEINHOFF, Merseburger Zaubersprüche, Sp. 412.

Literaturverzeichnis

BECK, WOLFGANG: birenkict – Zu einem Pferdefuß des Zweiten Merseburger Zauberspruches, in: Die Sprache. Zeitschrift für Sprachwissenschaft 41 (1999), S. 89–103.

BECK, WOLFGANG: Die Merseburger Zaubersprüche (= Imagines Medii Aevi 16), Wiesbaden 2003. Zweite, korrigierte Auflage. Wiesbaden 2011.

BECK, WOLFGANG: Die Merseburger Zaubersprüche, in: Der Merseburger Dom und seine Schätze. Zeugnisse einer tausendjährigen Geschichte (= Kleine Schriften der Vereinigten Domstifter zu Merseburg und Naumburg und des Kollegiatstifts Zeitz 6), Petersberg 2008, S. 266–278.

BECK, WOLFGANG: Merseburger Zaubersprüche, in: Althochdeutsche und altsächsische Literatur, hrsg. von Rolf Bergmann. Berlin/New York 2013, S. 258–263.

BERGER, SIEGFRIED: Die Merseburger Zaubersprüche, Halle (Saale) 1939.

BISCHOFF, BERNHARD: Paläographische Fragen deutscher Denkmäler der Karolingerzeit, in: Frühmittelalterliche Studien 5 (1971), S. 101–134.

BRUNNER, HORST: Geschichte der deutschen Literatur des Mittelalters und der Frühen Neuzeit im Überblick (= Reclams Universalbibliothek 17680), Stuttgart 2010.

DÜWEL, KLAUS: Über das Nachleben der Merseburger Zaubersprüche, in: Ir sult sprechen willekomen. Grenzenlose Mediävistik. Festschrift für Helmut Birkhan zum 60. Geburtstag, hrsg. von CHRISTA TUCZAY, ULRIKE HIRHAGER und KARIN LICHTBLAU, Bern/Berlin/Franfurt am Main/New York/Paris/Wien 1998, S. 539–551.

DÜWEL, KLAUS: Der erste Merseburger Zauberspruch – ein Mittel zur Geburtshilfe?, in: Erzählkultur. Beiträge zur kulturwissenschaftlichen Erzählforschung. Hans-Jörg Uther zum 65. Geburtstag, hrsg. von ROLF WILHELM BREDNICH, Berlin/New York 2009, S. 401–421.

ECO, UMBERTO: Der Name der Rose, Berlin 1987.

EHRISMANN, GUSTAV: Geschichte der deutschen Literatur bis zum Ausgang des Mittelalters. Erster Teil: Die althochdeutsche Literatur (= Handbuch des deutschen Unterrichts an höheren Schulen 6), 2. durchgearbeitete Auflage, München 1932.

EICHNER, HEINER/NEDOMA, ROBERT: Die Merseburger Zaubersprüche. Philologische und sprachwissenschaftliche Probleme aus heutiger Sicht, in: insprinc haptbandun. Referate des Kolloquiums zu den Merseburger Zaubersprüchen auf der XI. Fachtagung der Indogermanischen Gesellschaft in Halle/Saale (17.–23. September 2000) (= Die Sprache. Zeitschrift für Sprachwissenschaft 42 [2000/01]), hrsg. von HEINER EICHNER, ROBERT NEDOMA, S. 1–195.

Frühe Zeugnisse deutscher Dichtung (Christophorus-Schallplatte CLX 75437), Freiburg im Breisgau 1962.

GALLÉE, JOHAN H. (Hrsg.): Altsächsische Sprachdenkmäler, Facsimile Sammlung, Leiden 1895.

GERNHARDT, ROBERT: Gesammelte Gedichte 1954–2006, Frankfurt am Main 2008.

GEUENICH, DIETER: Die Personennamen der Klostergemeinschaft von Fulda im früheren Mittelalter (= Münstersche Mittelalter-Schriften 5), München 1976.

GRIMM, JACOB: Zu den Merseburger Gedichten, in: Zeitschrift für deutsches Alterthum 2 (1842), S. 188–190.

GRIMM, JACOB: Schon mehr über Phol, in: Zeitschrift für deutsches Alterthum 2 (1842), S. 252–257.

GRIMM, JACOB: Deutsche Mythologie, 2. Auflage, Göttingen 1844.

GRIMM, JACOB: Phol äthiopischer König, in: Zeitschrift für deutsches Alterthum 5 (1845), S. 69–72.

GRIMM, JACOB: Über zwei entdeckte gedichte aus der zeit des deutschen heidenthums, in: Kleine Schriften, Band II: Abhandlungen zur Mythologie und Sittenkunde, hrsg. von JACOB GRIMM, Berlin 1865, S. 1–29.

HAUBRICHS, WOLFGANG: Die Anfänge. Versuche volkssprachlicher Schriftlichkeit im frühen Mittelalter (ca. 700–1050/60) (= Geschichte der deutschen Literatur von den Anfängen bis zum Beginn der Neuzeit. Band 1: Von den Anfängen bis zum hohen Mittelalter, hrsg. von JOACHIM HEINZLE), Frankfurt am Main 1988.

HAUCK, KARL: Stammesbildung und Stammestradition am sächsischen Beispiel, in: Jahrbuch der Männer vom Morgenstern 50 (1969), S. 35–70.

HAUCK, KARL: Goldbrakteaten aus Sievern. Spätantike Amulett-Bilder der „Dania Saxonica"und die Sachsen-„Origo" bei Widukind von Corvey (= Münstersche Mittelalter-Schriften 1), München 1970.

HAUG, WALTER/VOLLMANN, BENEDIKT KONRAD (Hrsg.): Frühe deutsche Literatur und lateinische Literatur in Deutschland 800–1150 (= Bibliothek des Mittelalters 1 = Bibliothek deutscher Klassiker 62), Frankfurt am Main 1991.

HEIZMANN, WILHELM: Bildchiffren und Runen von Kommunikationsformen und Heilverfahren auf goldenen C-Brakteaten, in: Kontinuitäten und Brüche in der Religionsgeschichte. Festschrift für Anders Hultgård zu seinem 65. Geburtstag am 23.12.2001, hrsg. von MICHAEL STAUSBERG (= Ergänzungsbände zum Reallexikon der Germanischen Altertumskunde 31), Berlin 2001, S. 326–335.

HENKEL, MATHIAS: Das Merseburger Gebetsbruchstück im literatur- und liturgiegeschichtlichen Kontext des deutschen Frühmittelalters, in: Zeitschrift für deutsche Philologie 130 (2011), S. 359–387.

JANKOFSKY, JÜRGEN: Rabenzauber, Halle (Saale) 1994.

JANKOFSKY, JÜRGEN: Graureiherzeit, Berlin 1996.

KEMPOWSKI, WALTER: Hundstage. München/Hamburg 1988.

LODEMANN, JÜRGEN: Siegfried und Krimhild, Stuttgart 2002.

Macht des Wortes. Benediktinisches Mönchtum im Spiegel Europas, 2. Band: Katalog, hrsg. von Gerfried Sitar OSB, Martin Kroker, unter Mitarbeit von Holger Kempkens, Regenburg 2009.

MANN, THOMAS: Doktor Faustus. Das Leben des deutschen Tonsetzers Adrian Leverkühn, erzählt von einem Freunde (= Gesammelte Werke, Band VI), Frankfurt am Main 1974.

MARCELLUS: Über Heilmittel, hrsg. von MAX NIEDERMANN, 2. Auflage besorgt von EDUARD LIECHTENHAN (†), übersetzt von JUTTA KOLLESCH und DIETHARD NICKEL, 2 Bde. (= Corpus medicorum latinorum 5), Berlin 1968.

METTKE, HEINZ: Älteste deutsche Dichtung und Prosa, 3. Auflage, Leipzig 1982.

MÜLLER, STEPHAN (Hrsg.): Althochdeutsche Literatur. Eine kommentierte Anthologie. Althochdeutsch/Neuhochdeutsch, Altniederdeutsch/Neuhochdeutsch (= Reclams Universal-Bibliothek 18491), Stuttgart 2007.

MÜLLENHOFF, KARL/SCHERER, WILHELM: Denkmäler deutscher Poesie und Prosa aus dem VIII–XII Jahrhundert, Berlin 1864.

MULOT, ARNO: Altdeutsche Zaubersprüche, in: Zeitschrift für Deutschkunde 47 (1933), S. 14–22.

MURDOCH, BRIAN O.: Peri Hieres Nousou. Approaches to the Old High German medical charms, in: mit regulu bithuungan. Neue Arbeiten zur althochdeutschen Poesie und Sprache, hrsg. von JOHN L. FLOOD und DAVID YEANDLE (= Göppinger Arbeiten zur Germanistik 500), Göppingen 1989, S. 142–159.

RANISCH, WILHELM: Walhall, die Götterwelt der Germanen, Berlin [1900] (Nachdruck: Leipzig 2007).

REICHERT, HERMANN: Nordic language history and religion/ecclesiatical history I: The pre-Christian period, in: The Nordic Languages. An International Handbook of the History of the North Germanic Languages, hrsg. von OSKAR BANDLE, KURT BRAUNMULLER, ERNST HAKON JAHR, ALLAN KARKER, HANS-PETER NAUMANN und ULF TELEMAN (= Handbücher zur Sprach- und Kommunikationswissenschaft 22,1), Berlin/New York 2002, S. 389–402.

Reclams großes Buch der deutschen Gedichte. Vom Mittelalter bis ins 21. Jahrhundert, ausgewählt und kommentiert von HEINRICH DETERING, Stuttgart 2007.

RIESEL, ELISE: Der erste Merseburger Zauberspruch, in: Deutsche Blätter für Volkskunde 4 (1958), S. 53–81.

RODY, GEORG M.: Die Merseburger Zaubersprüche, Birkesdorf 1940.

ROTH, JOSEPH: Der Merseburger Zauberspruch, in: JOSEPH ROTH, Werke, Band 3, hrsg. und eingeleitet von HERMANN KESTEN, Köln 1976, S. 690–696.

RÜHMKORF, PETER: Gedichte (= Werke 1), hrsg. von BERND RAUSCHENBACH, Reinbek bei Hamburg 2000.

SCHIER, KURT: Gab es eine eigenständige Balder-Tradition in Dänemark? Mit einigen allgemeinen Überlegungen zum Problem der sogenannten „sterbenden und wiederauferstehenden Gottheiten" in nordgermanischen und altorientalischen Überlieferungen, in: Nordwestgermanisch, hrsg. von EDITH MAROLD und CHRISTIANE ZIMMERMANN (= Ergänzungsbände zum Reallexikon der Germanischen Altertumskunde 13), Berlin 1995, S. 125–153.

SCHNEIDER, HANSJÖRG: Hunkeler und die goldene Hand (= Bastei Lübbe Taschenbuch 16424), Köln 2010.

Schulz, Gudrun/Schulz, Mara-Xenya/Zander, Ulrich: Die Merseburger Zaubersprüche, hrsg. vom Merseburger Altstadtverein, 2. Auflage, Merseburg 2010.

Schulz, Monika: Magie oder: Die Wiederherstellung der Ordnung (= Beiträge zur Europäischen Ethnologie und Folklore. Reihe A: Texte und Untersuchungen 5), Frankfurt am Main 2000.

Schulz, Monika: Beschwörungen im Mittelalter. Einführung und Überblick, Heidelberg 2003.

Schwab, Ute: Sizilianische Schnitzel. Marcellus in Fulda und einiges zur Anwendung volkssprachiger magischer Rezepte, in: Deutsche Sprache und Literatur von 1050–1200. Festschrift für Ursula Hennig zum 65. Geburtstag, hrsg. von Annegret Fiebig und Hans-Jochen Schiewer, Berlin 1995, S. 261–296.

Schwietering, Julius: Der erste Merseburger Spruch, in: Zeitschrift für deutsches Altertum und deutsche Literatur 55 (1914/17), S. 148–156.

Seebold, Elmar: Römische Münzbilder und germanische Symbolwelt, in: Germanische Religionsgeschichte, hrsg. von Heinrich Beck (= Ergänzungsbände zum Reallexikon der Germanischen Altertumskunde 5), Berlin 1992, S. 270–335.

Selzer, Stephan: Zwischen Rom und Merseburg. Paul Fridolin Kehr und das Urkundenbuch des Hochstiftes Merseburg, in: Sachsen und Anhalt 24 (2002/03), S. 83–102.

Sonnentanz. Ein Walter-Bauer-Lesebuch, hrsg. von Günter Hess und Jürgen Jankofsky, Halle (Saale) 1996.

Spitzbart, Günter (Hrsg.): Venerabilis Bedae Historia ecclesiastica gentis Anglorum. Beda der Ehrwürdige, Kirchengeschichte des englischen Volkes, 2. Auflage, Darmstadt 1997.

Steinmeyer, Elias von (Hrsg.): Die kleineren althochdeutschen Sprachdenkmäler, 3. Auflage, Zürich 1971.

Steinhoff, Hans Hugo: Merseburger Zaubersprüche, in: Die deutsche Literatur des Mittelalters. Verfasserlexikon, Band 6, 2. völlig neu bearbeitete Auflage, unter Mitarbeit zahlreicher Fachgelehrter hrsg. von Burghart Wachinger, Gundolf Keil, Kurt Ruh, Werner Schröder und Franz J. Worstbrock, Berlin 1987, Sp. 410–418.

Tax, Petrus W.: Der Erste Merseburger Zauberspruch und das Merseburger Gebet. Weitere Überlegungen zu deren Deutung, in: Sprachwissenschaft 38 (2013), S. 427–443.

Tellkamp, Uwe: Der Turm. Geschichte aus einem versunkenen Land, Frankfurt am Main 2008.

Thietmari Merseburgensis episcopi chronicon (= Ausgewählte Quellen zur deutschen Geschichte des Mittelalters. Freiherr vom Stein Gedächtnisausgabe 9), hrsg. von Werner Trillmich, 6. Auflage, Darmstadt 1985.

Thorpe, Benjamin (Hrsg.): Aelfric. Sermones Catholici in the Original Anglo Saxon with an English Version, Band 2, London 1846 (Nachdruck: Hildesheim 1983).

Vogt, Walter Heinrich: Zum Problem der Merseburger Zaubersprüche, in: Zeitschrift für deutsches Altertum und deutsche Literatur 65 (1928), S. 97–130.

Wackernagel, Wilhelm: Altdeutsches Lesebuch. Neue Ausgabe der zweiten Auflage, Basel 1842.

Wagner, Norbert: Der balder des Zweiten Merseburger Zauberspruches, in: Beiträge zur Namenforschung 47 (2012), S. 285–290.

Waitz, Georg: Reise nach Thüringen und Sachsen, vom September bis November 1841, in: Archiv der Gesellschaft für ältere deutsche Geschichtskunde zur Beförderung einer Gesammtausgabe der Quellenschriften deutscher Geschichten des Mittelalters 8 (1843), S. 260–283.

Waitz, Georg: Deutsche Kaiser von Karl dem Großen bis Maximilian, Berlin 1862.

Waitz, Georg: Zum Gedächtnis an Jacob Grimm, Göttingen 1863.

Wedding, Georg: Die Merseburger Zaubersprüche und die Merseburger Abschwörungsformel, Merseburg 1930.

Wiesner, Nils: Das Raunen der Runen, Halle (Saale) 2007.

Winterer, Christoph: Das Fuldaer Sakramentar in Göttingen. Benediktinische Observanz und römische Liturgie. (= Studien zur internationalen Architektur- und Kunstgeschichte 70), Petersberg 2009.

Zwischen Kathedrale und Welt. 1000 Jahre Domkapitel Merseburg, Ausstellungskatalog (= Schriftenreihe der Vereinigten Domstifter zu Merseburg und Naumburg und des Kollegiatstifts Zeitz 1), hg. von Karin Heise, Holger Kunde, Helge Wittmann, Petersberg 2004.

Autoren

Dr. phil. habil. Wolfgang Beck, Privatdozent für Germanistische Mediävistik an der Friedrich-Schiller-Universität Jena

Markus Cottin M.A., Leiter Domstiftsarchiv und -bibliothek Merseburg

Abbildungsnachweis

Bamberg, Staatsbibliothek (Foto: Gerald Raab): 31 oben
Berlin, Jörg Steiner, 53 unten
Berlin, Pica Music: 42 oben rechts
Berlin, Suhrkamp Verlag GmbH & Co. KG: 34 (Nr. 3)
Berlin, Lars Wiedemann, 40 unten
Bonn © LVR-LandesMuseum Bonn, Foto: Axel Thünker, DGPh: 15
Düsseldorf, JKP: 42 unten
Halle (Saale), Landesamt für Denkmalpflege und Archäologie Sachsen-Anhalt, Juraj Lipták: 17, 18, 20
Hambergen, Bear Family Records GmbH: 42 oben links
Kassel, Brüder Grimm-Museum: 10 links
Landsberg, Karl-Heinz Günther: 38
Merseburg, Carl-von-Basedow-Klinikum, Öffentlichkeitsarbeit (Foto: Bettina Lebek): 51
Merseburg, Domstiftsarchiv und -bibliothek: Umschlag, 2, 7, 11, 14, 16, 22, 23, 24, 25, 26, 27, 35, 45, 46, 47, 48, 54, 56
Merseburg, Dr. Wolfgang Kubak: 39 Mitte und unten, 53 oben
Merseburg, Kulturhistorisches Museum: 38 links oben und unten, 43, 49
Merseburg, Klaus-Dieter Urban (Fotos: Jochen Ehmke, Halle [Saale]): 9, 40 oben

Merseburg, Peter Wölk: 50
München, Carl-Hanser-Verlag: 33
München, Hamburg, btb-Verlag 34 (Nr. 1)
Paris, Bibliothèque nationale de France: 32
Petersberg, Michael Imhof: Umschlaginnenseite hinten
Rom, © 2014 Biblioteca Apostolica Vaticana: 30 oben
Stockholm, Antiquarian Topographical Archives, the National Heritage Board, Stockholm: 19
Stuttgart, Kletta-Cotta: 34 (Nr. 2)
Trier, Stadtbibliothek (Foto: Anja Runkel): 31 unten
Wien, © ÖNB/Wien Cod. 552, fol. 107r (Wiener Hundesegen): 30 unten
Wikimedia Commons: 10 rechts, 28

Reproduktionen aus der Sekundärliteratur:
JOHAN H. GALLÉE (Hrsg.), Altsächsische Sprachdenkmäler, Facsimile Sammlung, Leiden 1895, Nr. 11a: 29
WILHELM RANISCH, Walhall, die Götterwelt der Germanen, Berlin [1900] (Nachdruck: Leipzig 2007): 37
GUDRUN SCHULZ/MARA-XENYA SCHULZ/ULRICH ZANDER, Die Merseburger Zaubersprüche, hrsg. vom MERSEBURGER ALTSTADTVEREIN, 2. Auflage, Merseburg 2010: 36, 39 oben